本成果为河北环境工程学院校级教学改革重点项目
‘三四三’教学体系探索与实践研究”的阶段性成果
河北环境工程学院 2023 年度校级一流本科课程“思想道德与法治”阶段性成果

大数据视域下大学生就业创业与思想政治教育的融合与发展研究

杨鑫悦 王 璐 杨东来 著

燕山大学出版社

·秦皇岛·

图书在版编目（CIP）数据

大数据视域下大学生就业创业与思想政治教育的融合
与发展研究 / 杨鑫悦，王璐，杨东来著. -- 秦皇岛 ：
燕山大学出版社，2024. 12. -- ISBN 978-7-5761-0793
-7

Ⅰ. G647.38；G641

中国国家版本馆 CIP 数据核字第 2025VA3143 号

大数据视域下大学生就业创业与思想政治教育的融合与发展研究
DASHUJU SHIYU XIA DAXUESHENG JIUYE CHUANGYE YU SIXIANG
ZHENGZHI JIAOYU DE RONGHE YU FAZHAN YANJIU

杨鑫悦 王 璐 杨东来 著

出 版 人：陈 玉

责任编辑：张文婷

责任印制：吴 波　　　　　　　　　　封面设计：刘韦希

出版发行：燕山大学出版社　　　　　　电 　话：0335-8387555

地 　址：河北省秦皇岛市河北大街西段 438 号　　邮政编码：066004

印 　刷：涿州市般润文化传播有限公司　　经 　销：全国新华书店

开 　本：710 mm×1000 mm 　1/16　　印 　张：14.25

版 　次：2024 年 12 月第 1 版　　　　印 　次：2024 年 12 月第 1 次印刷

书 　号：ISBN 978-7-5761-0793-7　　字 　数：220 千字

定 　价：75.00 元

目　　录

第一章 引 言

大数据技术，作为信息时代的核心驱动力，以其强大的数据收集、存储、处理和分析能力，在全球范围内催生了深刻的转型与变革。它在商业决策中的精准洞察、在医疗健康领域对疾病模式的识别、在金融投资中对市场动态的预测，乃至在城市规划中对未来发展趋势的模拟，都凸显了大数据在揭示复杂现象深层规律方面的巨大潜力和应用价值。

在这一宏观背景下，将大数据技术与大学生就业创业指导相结合，不仅体现了技术的社会应用价值，也回应了高等教育对于学生职业发展指导的现实需求。对于即将踏入社会的大学生而言，就业市场的动态变化、行业结构的调整以及职位需求的波动都是他们需要密切关注的信息。大数据分析通过深度挖掘和整合这些市场数据，能够为大学生提供更加精准、个性化的职业规划和就业指导，帮助他们更好地了解市场需求，提升就业竞争力。

对于有志于创业的大学生而言，大数据技术更是如同一盏明灯，照亮前行的道路。创业过程中的市场调研、用户分析、产品迭代等环节都离不开数据的支持。大数据技术能够提供实时的市场反馈、消费者行为分析和风险评估，帮助创业者在激烈的市场竞争中找准定位，规避风险，实现可持续发展。

此外，在思想政治教育领域，大数据技术的引入同样具有深远的意义。传统的思想政治教育模式往往受限于教学资源和学生个体差异，难以实现个性化指导。而大数据技术则能够通过收集和分析学生的学习行为、思想动态、社交媒体互动等多维度数据，为教育者描绘出更加立体、全面的学生画像。基于这些精准的数据洞察，教育者可以设计更加贴合学生实际的教学内容和方法，实现思想政治教育的个性化和精准化，从而提升教育效果，培养更多具有社会责任感和创新精神的人才。

一、研究背景和研究动机

（一）研究背景

在大数据的时代背景下，思想政治教育与创新创业教育的融合不仅成为高等教育改革的新方向，更是培养具备社会责任感和创新精神人才的重要途径。这一融合趋势与党的十九大报告中提出的加快创新型国家建设的战略任务紧密相连，体现了国家层面对创新创业的高度重视。

从历史脉络来看，政府对创新创业的推动力度不断加强。自"创客"概念提出以来，创新创业已成为经济发展的新常态。高校作为人才培养的摇篮，其创新创业教育也经历了从兴起到规范化的过程。教育部发布的一系列指导意见和要求，为高校创新创业教育提供了明确的指导方向。

然而，面对科技不断进步和知识创新驱动的新时代挑战，高等教育在创新方面的不足和学生主动性培养的忽视等问题逐渐凸显。因此，将创新创业教育与思想政治教育相结合，成为提升国民创新意识和创业能力的关键举措。

思想政治教育与创新创业教育在教育目标、内容等方面具有高度一致性。前者为后者提供价值导向和道德责任引导，确保创新创业活动符合社会主义核心价值观；后者则为前者提供新的发展机遇，丰富其研究领域和内容体系。这种相互促进、相互支持的关系为高等教育应对新时代挑战提供了新思路和新模式。

　　然而，当前创新创业教育和思想政治教育在学科概念、功能定位、价值观念等方面仍存在一些问题，制约了它们的全面发展和有效融合。因此，需要进一步明确两者的关系定位，实现双向建构和协同发展。通过强强联合和跨界合作，深化高等教育改革，全面提高学生综合素质和核心能力。

　　在大数据视域下，思想政治教育与创新创业教育的融合将迎来新的发展机遇。大数据技术可以为两者提供精准的学生画像、市场需求分析以及教育效果评估等支持，推动教育内容的个性化和教学方法的创新。同时，这种融合也将为思想政治教育注入新的活力，使其更加贴近学生实际和社会需求，提高教育的吸引力和实效性。

（二）研究动机

　　在数字化时代的浪潮中，大数据以其强大的信息整合与分析能力，逐渐成为推动社会进步与发展的重要引擎。本研究立足于大数据的视域，深入探索其在大学生就业创业与思想政治教育中的融合应用，旨在实现教育领域的创新发展与学生素质的全面提升。这一研究不仅回应了新时代对高等教育的新要求，也体现了对学生个性化成长与全面发展的深度关注。

　　首先，创新创业教育与思想政治教育作为高等教育体系中的两大支柱，各自承载着培养学生不同能力与素质的重要使命。然而，面对日新月异的社会变革与市场需求，如何使二者在保持各自特色的基础上实现有机融合，共同促进学生综合素质的提升，已成为当前教育领域亟待解决的问题。本研究旨在通过大数据的应用，打破传统教育模式的壁垒，为二者的深度融合提供理论与实践的支撑。

　　其次，尽管创新创业教育与思想政治教育在目标、内容和方法上存在差异，但二者并非不可调和。相反，通过大数据的精准分析与智能匹配，我们可以发现二者之间的潜在关联与互补性。例如，利用大数据挖掘学生的兴趣爱好、职业倾向与思想动态，可以为教育者提供更加个性化的教育内容与方法建议，使创新创业教育与思想政治教育在共同培养学生的过程中实现协同增效。

再次，随着知识经济的蓬勃发展，创新和创业能力已成为衡量人才竞争力的重要标准。同时，思想政治教育也面临着与时俱进、创新发展的迫切需求。在此背景下，将大数据引入这两个领域，不仅可以提升教育的针对性与实效性，更能培养出既具备创新精神、创业能力又拥有坚定理想信念与高尚道德情操的新时代人才。

最后，当前中国高等教育正处于深化改革、提升质量的关键时期。本研究紧扣时代脉搏，探索大数据在创新创业教育与思想政治教育中的创新应用，旨在为高等教育的改革与发展提供新的思路与方向。这不仅有助于提升我国高等教育的国际竞争力，更能为国家的长远发展培养出更多优秀的人才。

总之，以大数据为研究论域，探讨如何在高等教育领域实现创新创业教育和思想政治教育的协同发展，以更好地满足时代需求，提高教育质量，培养具备创新和创业能力的综合人才，这不仅涉及教育领域的理论研究，还涉及实际教育改革和政策制定，具有重要的理论和实践意义。

二、研究现状、意义和方法

（一）研究现状

在数字化浪潮中，大数据技术的崛起与应用已经深刻影响了社会的各个层面，为众多行业带来了翻天覆地的变革与前所未有的发展机遇。本研究正是立足于这一时代背景，致力于深入探索在大数据技术的助力下，如何实现大学生就业创业指导与思想政治教育的有机融合与协同发展，以期全面提升大学生的综合素质，使其成为能担当民族复兴大任的新时代公民。

第一，本研究将运用大数据技术，致力于构建一套精细化、个性化的就业创业指导体系。通过对学生个人兴趣、专业技能、实践经验等多维度数据的深度挖掘与分析，为每位大学生量身打造符合其个人发展需求的职业规划和发展路径。这不仅能帮助学生更加清晰地把握市场动态和行业趋势，更能引导他们精准定位自身在就业市场中的位置，从而有效提升其就业竞争力和创业成功率。

第二，本研究将积极探索将大数据技术引入思想政治教育的创新路径。通过实时收集和分析学生的学习行为、思想动态、价值观念等数据，教育者可以更加精准地把握学生的思想脉络，进而设计出更加贴合学生实际、更具针对性和吸引力的教育内容和方法。这将有助于激发学生的学习兴趣和主动性，提升思想政治教育的实效性和感染力，进而引导学生形成正确的世界观、人生观和价值观。

第三，本研究将致力于推动大数据在大学生就业创业和思想政治教育中的深度应用，以促进教育与社会的无缝对接和深度融合。通过搭建连接学校、企业、社会等多方资源的共享平台，本研究将打破传统教育模式的时空限制，探索如何为学生提供更加广阔的学习空间和实践机会。这将有助于学生更好地将理论知识与实践技能相结合，提升其解决实际问题的能力，同时也将为企业和社会输送更多高素质的创新型人才。

第四，本研究将借助大数据分析和人工智能等前沿技术，致力于构建一个智能化、自适应的教育生态系统。在这个系统中，学生的学习行为、表现和需求将被实时跟踪和分析，教育内容和方式将根据学生的个体差异和动态变化进行智能调整和优化。这不仅能提升教育的个性化和精准化水平，更能为学生提供一种全新的、沉浸式的学习体验，从而激发他们的学习潜能和创造力。

第五，本研究将始终关注如何通过个性化的教育与指导，全面提升大学生的综合素质和社会责任感。在专业技能培养方面，我们将利用大数据技术分析行业需求和未来趋势，为学生定制符合市场需求的课程体系和实践项目。在思想政治教育方面，我们将通过大数据分析学生的价值观念和行为模式，引导他们树立正确的道德观念。同时，我们还将积极探索将专业技能培养与思想政治教育相结合的有效途径，以期培养出既具备专业素养又拥有良好品德的新时代人才。

（二）研究意义

1. 理论意义

（1）推动创新创业教育与思想政治教育理论的深度融合与发展

在深入探讨创新创业教育与思想政治教育融合的过程中，本研究旨在促进两者理论的互补与共进。创新创业教育，尽管在国外已有较长历史并在我国高校中取得显著进展，但其理论体系在国内仍处于不断完善之中。当前，该领域的研究多依赖于西方理论，对于我国特有的国情和教育环境考虑尚不全面，导致理论的本土化程度不高，教育体系的成熟度、理论基础的稳固性、教育主体与内容的明确性等方面均存在进一步探讨的空间。相对而言，思想政治教育历经数十年的发展，已形成了较为成熟和完善的理论体系，为我国高等教育提供了坚实的思想基础和理论指导。

思想政治教育的丰富理论成果，对于创新创业教育而言，不仅具有价值导向作用，还能为其提供宝贵的理论资源和方法论支持。通过融合两者理论，本研究期望能够推动创新创业教育理论更加贴近我国实际，形成具有中国特色的理论体系，进而指导高校创新创业教育的健康发展。

（2）探索新时代背景下思想政治教育理论的新发展

随着时代的变迁和社会的发展，思想政治教育同样面临着理论创新和实践更新的挑战。为了更好地适应新时代的需求和教育规律，思想政治教育需要不断探索新的教育内容和方法。本研究正是基于这一认识，提出在大数据视域下，将创新创业教育与思想政治教育相结合，构建一个双向互动、相互促进的教育体系。

通过深入研究两者之间的内在联系和互动机制，本研究旨在为思想政治教育理论体系的创新提供新的视角和思路。我们相信，这样的研究不仅能够丰富和发展思想政治教育的理论内涵，还能为我国高等教育的改革与发展提供有益的理论支撑和实践指导。最终，通过构建更加综合、适应时代要求的教育体系，我们将培养出更多具备创新和创业能力的高素质人才，为推动社会的进步与发展作出积极贡献。

2. 现实意义

（1）推动各自领域实践发展，实现协同创新效应

在当前知识经济的时代背景下，人才作为推动经济发展和社会进步的核心资源，其重要性日益凸显。党的十九大报告明确提出了"加快建设创新型国家"和"促进高校毕业生等青年群体、农民工多渠道就业创业"的战略任务。这就要求高等教育必须紧密结合国家发展需求，充分发挥其在人才培养、科学研究、社会服务以及文化传承与创新方面的职能。特别是在培养创新人才方面，高等教育肩负着不可推卸的责任。

通过深入推进创新创业教育与思想政治教育的融合，我们可以探索出一种符合中国国情的"双向建构"教育体系机制。这种机制有助于培养既具备创新精神、创业能力，又拥有良好思想政治素质的高素质人才。这些人才将成为推动社会主义现代化建设的重要力量，为加快建设创新型国家提供坚实的智力支持和人才保障。同时，这也符合新时代中国高等教育的使命要求，即培养德智体美劳全面发展的社会主义建设者和接班人。

（2）深化高等教育综合改革，落实立德树人根本任务

深化高等教育改革是当前教育领域的重要任务之一。在这个过程中，我们需要重新审视创新创业教育与思想政治教育之间的关系，并构建一种双向建构的教育体系。这种体系旨在培养学生的创新精神、创业能力以及良好的政治思想素质，从而推动高等教育的内涵式发展。

通过强调学生的主体性和创新性培养，我们可以推动高等教育从传统的知识传授向能力培养转变。将创新理念贯穿于教育教学全过程，鼓励学生学会学习、学会生存、学会抓住机遇并实现个人发展。同时，我们还需要改革人才培养模式，注重理论与实践的结合，强调知识、能力、素质的协调发展，以提高人才培养质量为核心目标。

在双向建构的体系下，我们可以为大学生提供充足的知识基础和实践平台。通过搭建综合实践平台、开展社会实践活动等方式，我们可以提升学生的社会责任感和解决实际问题的能力。同时，我们还需要注重培养学生的创新意识和创业精神，激发他们的创造力和创业热情。这些举措将有助于培养出更多具备创新意识和创业能力的创新型人才，为国家的经济社会发展提供有力支撑。

此外，通过增强高校思想政治教育的实效性，我们可以更好地履行立德树人的根本任务。在思想政治教育中融入创新创业教育元素，可以使教育内容更加贴近学生实际、更加生动有趣。同时，我们还可以通过创新教育方式方法、加强师资队伍建设等措施来提高思想政治教育的吸引力和感染力。这些举措将有助于培养出更多德才兼备的优秀人才，为国家的长治久安和繁荣发展作出积极贡献。

（3）促进学生全面发展，培养创新创业的积极力量

思想政治教育和创新创业教育都是促进学生全面发展的重要途径。通过双向建构的教育体系，我们可以将两者有机结合起来，共同致力于培养学生的创新精神、创业能力和良好政治思想素质。这种教育体系不仅有助于提升学生的综合素质和核心竞争力，还能为国家的经济社会发展培养出更多具备创新精神和创业能力的优秀人才。

在双向建构的教育体系下，我们可以正确引导学生的创业观念并培养良好的创业品格。通过激发学生的独立创业信念、确立明确的创业目标以及开展有针对性的教育实践等方式，我们可以帮助学生形成正确的创业认知和情感态度。这些举措将有助于激发学生的创新思维和创业热情，为他

们的未来发展奠定坚实基础。

同时，教育实践在塑造学生适应理性创业所需的品德观念和心理素质方面发挥着重要作用。通过参与各种社会实践活动和创新创业项目，学生可以锻炼自己的组织协调能力、沟通能力和解决问题能力。这些实践经验不仅有助于提升学生的综合素质和核心竞争力，还能为他们的未来职业发展奠定坚实基础。

最重要的是，在双向建构的教育体系下，我们可以实现知识系统的多元化构建和各自教育领域的优势互补。通过整合思想政治教育和创新创业教育的资源优势，我们可以为学生提供更加全面、系统的知识体系和实践平台。这将有助于培养学生的综合素质，提升他们的创新能力，为他们的未来发展提供更多机遇和更加广阔的空间。

（三）研究方法

1. 矛盾分析法

矛盾分析法作为本研究的核心方法之一，其理论基础源于辩证唯物主义，强调事物内部矛盾是推动其发展变化的根本动力。在思想政治教育大数据的研究中，我们运用矛盾分析法来揭示其内在的矛盾运动规律。具体而言，思想政治教育与大数据技术的融合过程中，存在着传统教育理念与现代技术应用的矛盾、数据资源的丰富性与利用能力的有限性之间的矛盾等。通过深入分析这些矛盾，我们能够更准确地把握思想政治教育大数据发展的内在逻辑和动力机制，为推动其创新发展提供理论支撑。

2. 大数据研究方法

本研究综合运用了多种大数据研究方法，如词频分析、共词分析以及可视化技术等。这些方法在处理和分析海量文本数据时具有显著优势，能够帮助我们挖掘出隐藏在数据中的有价值信息。例如，通过词频分析，我们可以确定思想政治教育领域的研究热点和趋势；共词分析则能够揭示出关键词之间的关联规则，进而揭示出研究主题的结构和演变；而可视化技术则能够将复杂的数据关系以直观的方式呈现出来，有助于我们更深入地理解数据背后的意义。这些方法的综合运用，不仅提升了研究的科学性和准确性，也为思想政治教育大数据的深入研究提供了新的视角和工具。

3. 案例研究法

为了增强研究的实践性和说服力，我们采用了案例研究法。通过对选取的具有代表性的案例进行深入剖析，我们可以从实践中提炼出有益的经验和教训，为思想政治教育大数据的应用提供借鉴和指导。这些案例不仅涵盖了不同领域、不同类型的思想政治教育实践，还包括了成功和失败的典型案例。通过对这些案例的对比分析，我们能够更全面地了解思想政治教育大数据在实际应用中的优势、挑战以及潜在的风险，从而为未来的实践提供更具针对性的建议和指导。

4. 多学科借鉴法

鉴于大数据视域下思想政治教育与创新创业教育的融合研究尚处于探索阶段，我们积极借鉴了多学科的理论和方法。特别是数据科学、社会学、心理学等相关学科的研究成果和方法论，为我们提供了宝贵的启示和借鉴。例如，数据科学中的数据挖掘和机器学习技术可以帮助我们更有效地处理和分析思想政治教育大数据；社会学中的社会网络分析和社会调查方法则有助于我们更深入地理解思想政治教育在社会结构中的作用和影响；而心理学中的认知和行为理论则可以为我们揭示思想政治教育对个体心理和行为的影响机制提供有力支持。通过多学科的综合借鉴和运用，我们能够更全面地把握思想政治教育大数据的研究领域和发展趋势，为推动其创新发展提供坚实的理论和方法基础。

三、研究框架和基本内容

一是大数据在大学生就业创业中的应用现状。本研究对大数据在大学生就业创业中的应用现状进行了全面梳理。当前，大数据已经渗透到大学生就业创业的各个环节，如招聘平台的数据分析、创业项目的市场预测、职业技能的智能匹配等。招聘平台通过大数据分析技术，能够精准地匹配求职者的能力与岗位需求，提高招聘效率；创业项目则借助大数据进行市场趋势预测和用户需求挖掘，为项目的成功打下坚实基础。此外，大数据在职业技能培训和就业指导方面也发挥着重要作用，帮助大学生提升自身素质和就业竞争力。这些应用充分展示了大数据在促进大学生就业创业方面的巨大潜力和价值。然而，大数据在大学生就业创业中的应用也面临着一些挑战，如数据隐私保护、数据质量控制、算法偏见等问题。这些问题需要我们在推动大数据应用的同时，加强相关法规政策的制定和执行，以及技术的研发和改进，以确保大数据应用的合理性和公正性。

二是大数据在思想政治教育中的应用现状。本研究深入探讨了大数据在思想政治教育中的应用现状。大数据技术的应用为学生思想动态监测、教育效果评估等提供了新的方法和手段。通过实时监测和分析学生在网络空间的行为和言论，教育者可以及时了解学生的思想动态和需求，为制定针对性的教育措施提供有力支持。同时，大数据还可以对教育效果进行定量评估和反馈，帮助教育者不断优化教育内容和方法，提高思想政治教育的实效性。但是，大数据在思想政治教育中的应用也需要注意一些问题。首先，数据隐私保护方面，必须确保学生个人信息的安全和隐私不受侵犯；其次，大数据分析结果的解读和应用需要谨慎，避免因为误解或滥用数据而导致教育决策的失误；最后，大数据技术的运用需要与传统的思想政治教育方法相结合，发挥各自的优势，共同推动思想政治教育的创新发展。

三是大学生就业创业与思想政治教育的融合机制。本研究着重分析了大学生就业创业与思想政治教育的融合机制。在大数据技术的支持下，我们可以将两者的目标、内容和方法进行有机融合。具体而言，可以利用大数据对大学生的就业创业需求和思想状况进行深入分析，为制定个性化的教育方案和就业指导提供科学依据。同时，通过大数据技术的实时反馈和评估机制，我们可以及时了解教育效果和就业状况，不断调整和优化教育策略和就业服务。这种以大数据为纽带的融合机制有助于推动大学生就业创业与思想政治教育的相互促进和共同发展。

四是存在问题与发展趋势。在大数据视域下，大学生就业创业与思想政治教育的融合过程中确实存在一些问题。首先，数据隐私保护是一个亟待解决的问题，必须采取有效措施确保个人信息的安全和合规使用；其次，技术应用能力不足也是一个制约因素，需要加强相关技术的研发和培训以提高应用水平。针对这些问题，我们可以借鉴其他领域的成功经验和技术成果对其进行改进和优化。展望未来，大数据在大学生就业创业与思想政治教育中的应用将呈现以下趋势：第一，数据驱动将成为决策的重要依据，推动教育和就业服务的智能化和个性化；第二，跨学科合作将成为推动两者融合发展的重要途径；第三，政策法规的完善将为大数据应用提供有力保障；第四，技术创新将持续推动大数据在教育和就业领域的广泛应用和深度融合。

五是结论与展望。本研究通过综合运用多种研究方法对大数据视域下大学生就业创业与思想政治教育的融合与发展进行了深入探讨。研究结果表明，大数据的应用为两者提供了新的融合契机和发展空间，有助于提升教育效果和就业质量。然而，在实际应用中也暴露出一些问题需要解决。未来我们需要进一步加强技术创新、人才培养以及政策法规的完善工作以推动大数据在相关领域更广泛、更深入的应用与融合发展。同时我们也期待更多学者和实践者关注这一领域并共同努力推动其进步与发展。

第二章 理论基础与数据来源

第一节 理 论 基 础

一、辩证唯物主义：指导研究的世界观与方法论

（一）辩证唯物主义的整体观与大学生就业创业、思想政治教育的系统考量

辩证唯物主义的整体观提供了一种全面的、系统的观察和理解世界的方法。在"大数据视域下大学生就业创业与思想政治教育的融合与发展研究"中，这一观点显得尤为重要。它要求将就业创业与思想政治教育置于一个宏观的、多维度的社会、经济、文化和科技的综合系统中，进行深入的考察和分析。

首先，从社会维度来看，大学生就业创业与思想政治教育是紧密相连的。社会环境的变化、社会需求的转变都会对大学生的就业创业产生影响，同时也会对思想政治教育的内容和方法提出新的要求。例如，在大数据的时代背景下，社会对数据分析和处理能力的要求越来越高，这就要求在思想政治教育中加强对相关知识和技能的培养，以满足社会的需求。

其次，经济维度也是我们不能忽视的一个方面。经济发展状况、产业

结构调整等因素都会对大学生的就业创业环境产生深远影响。同时，思想政治教育也需要关注大学生的经济观念、创业意识等方面的培养，帮助他们更好地适应经济环境的变化。

此外，文化和科技维度也是影响大学生就业创业与思想政治教育的重要因素。传统文化的传承与创新、科技发展的日新月异都会为大学生的就业创业提供新的机遇和挑战。而思想政治教育则需要引导大学生正确理解和应对这些变化，培养他们的文化自觉和科技素养。

在大数据技术的支持下，要更加全面、深入地了解这些维度之间的相互作用和相互影响。通过对大数据的分析和挖掘，可以掌握社会的发展趋势、经济的运行规律、文化的演变过程以及科技的进步方向，从而为大学生就业创业与思想政治教育的融合提供更加科学的依据和有效的指导。

（二）辩证唯物主义的发展观与就业创业环境、思想政治教育内容的动态适应

辩证唯物主义的发展观深刻揭示了事物发展的普遍性和规律性，强调事物是不断运动和变化的。在大数据背景下，这一观点对于理解就业创业环境和思想政治教育内容的动态适应具有重要意义。

首先，就业市场和创业环境的快速变化是辩证唯物主义发展观的生动体现。随着大数据技术的广泛应用，就业市场和创业环境呈现出前所未有的变革态势。新的职业形态、创业模式层出不穷，对大学生的素质要求也在不断变化。这就要求思想政治教育内容必须紧跟时代步伐，及时调整和更新，以适应新的就业创业环境。

其次，思想政治教育内容的动态适应是辩证唯物主义发展观的必然要求。思想政治教育作为培养大学生综合素质的重要途径，必须紧密结合时代特征和发展趋势，为大学生提供有针对性的教育和指导。在大数据背景下，思想政治教育应更加注重培养大学生的创新能力、实践能力和团队合作精神等综合素质，以帮助他们更好地适应新的就业创业环境。

最后，辩证唯物主义的发展观还强调了事物发展的内在动力和规律性。在就业创业环境和思想政治教育内容的动态适应过程中，我们也应深入探究其内在动力和规律性。例如，我们可以通过分析大数据中的就业信息和创业案例的大数据分析，揭示就业市场和创业环境的发展趋势和规律，为思想政治教育内容的制定提供科学依据。同时，我们还可以通过对大学生的思想动态和行为特征进行深入研究，了解他们的需求和特点，为思想政治教育内容的个性化定制提供有力支持。

（三）辩证唯物主义的矛盾观与就业创业难题、思想政治教育挑战的应对

辩证唯物主义的矛盾观，作为理解事物发展内在动力和源泉的关键，对于解决大学生就业创业过程中所面临的诸多矛盾和挑战具有重要的指导意义。这些矛盾不仅存在于大学生的个人选择和职业发展之间，也反映在思想政治教育对于应对这些挑战的策略与方法之中。

在大学生就业创业过程中，就业压力与创业风险的矛盾是普遍存在的。一方面，大学生面临着严峻的就业竞争压力，需要找到稳定的工作岗位以维持生计；另一方面，创业作为一种实现个人理想与价值的方式，也吸引着越来越多的年轻人。然而，创业过程中的风险与不确定性往往让大学生望而却步。这种矛盾反映了大学生在职业选择上的迷茫与焦虑，也体现了他们对于稳定与创新的双重追求。

同时，个人理想与现实需求的矛盾也是大学生就业创业过程中不可忽视的问题。大学生往往怀揣着对未来的美好憧憬和理想追求，但在现实中却往往受到各种因素的制约，如家庭期望、社会压力、经济条件等。这种理想与现实的落差，往往让大学生感到困惑和无助，也影响了他们对于职业选择的决策。

面对这些矛盾和挑战，思想政治教育需要发挥其独特的作用。首先，思想政治教育应该帮助大学生树立正确的价值观和职业观，引导他们理性

看待就业压力和创业风险，增强他们的自信心和抗挫能力。通过传授正确的价值观和职业理念，让大学生认识到稳定和创新并非水火不容，而是可以相互促进、共同发展的。

其次，思想政治教育应该关注大学生的个人理想与现实需求，为他们提供个性化的指导和支持。通过深入了解大学生的个人情况、兴趣爱好和职业目标，制定针对性的教育方案，帮助他们更好地协调理想与现实的关系，找到适合自己的职业发展道路。

最后，思想政治教育还应该加强与就业创业服务的联动，为大学生提供更加全面、系统的服务。通过与就业创业服务机构合作，为大学生提供职业规划、就业指导、创业培训等全方位的服务，帮助他们更好地应对就业创业过程中的各种挑战和问题。

（四）辩证唯物主义的实践观与就业创业实践、思想政治教育实效性的提升

辩证唯物主义的实践观在指导我们认识世界、理解问题的过程中发挥着举足轻重的作用。它强调了实践是检验真理的唯一标准，为深化理论认识、提升实践效果提供了重要的方法论指导。

首先，实践是理论知识的源泉和检验标准。在大学生就业创业与思想政治教育融合的过程中，不能仅仅停留在理论层面的探讨，而应将理论知识与就业创业实践相结合，通过实践来检验理论的正确性和适用性。大学生通过参与就业创业实践，可以将所学的思想政治教育理论知识转化为实践能力，从而在实践中深化对理论知识的理解，提升思想政治教育的实效性。

其次，实践是优化思想政治教育内容和方法的重要途径。在大数据的背景下，我们可以更加精准地了解大学生的就业创业需求和趋势，以及他们在实践中所面临的问题和挑战。通过深入分析这些数据，可以发现思想政治教育中存在的不足和短板，从而有针对性地优化教育内容和方法。同

时，我们还可以通过实践反馈，不断调整和完善思想政治教育的策略，使其更加符合大学生的实际需求和发展规律。

最后，实践是实现就业创业与思想政治教育良性互动和共同发展的关键环节。通过实践，大学生可以更加深入地了解就业市场和创业环境，掌握必要的职业技能和创业知识，提升自己的综合素质和能力水平。同时，思想政治教育也可以通过实践中的案例分析、经验总结等方式，不断丰富教育内容，提升教育效果。这种良性互动和共同发展，不仅有助于推动大学生的个人成长和职业发展，还能为社会的进步和发展贡献智慧和力量。

因此，在"大数据视域下大学生就业创业与思想政治教育的融合与发展研究"中，我们应深入贯彻辩证唯物主义的实践观，注重理论与实践的结合，通过实践来检验和提升思想政治教育的实效性。同时，还应不断创新实践形式和内容，为大学生提供更多的实践机会和平台，推动他们在实践中成长成才。

二、大数据理论：数据处理与分析的新范式

在信息化时代的浪潮中，数据已经成为推动社会进步的核心资源和宝贵资产。与此同时，大数据理论作为一种前沿的思维方式和方法论，正在引领数据处理与分析领域的深刻变革。这一理论不仅聚焦于数据的庞大数量，更着眼于数据的高质量、多样化以及处理的迅捷性，从而为我们提供了一种全新的数据处理和分析范式。

（一）大数据理论的核心要素

1. 数据采集与存储的革新

在数字化时代，数据已经成为推动社会进步和科技创新的关键力量。大数据理论不仅聚焦于数据的"量"，即数据的庞大规模，更着眼于数据的"质"与"速"，也就是数据的全面性和处理速度。在这一理论框架下，

数据采集与存储技术迎来了前所未有的革新。

数据采集方面，传统的、以结构化数据为主的数据源已经无法满足现代社会的需求。因此，大数据系统积极拓展数据来源，将触角延伸至社交媒体的用户互动信息、物联网设备产生的实时数据、服务器日志文件等非结构化数据领域。这些数据流不仅规模巨大，而且更新迅速，为大数据分析提供了更为丰富、多元的原始素材。

为了应对多元化的数据采集需求，大数据系统融合了流式处理、消息队列等尖端技术。这些技术的应用使得数据能够在生成或接收的瞬间就被捕获、传输，并迅速进入存储环节，从而大幅提升了数据采集的实时性和准确性。对于企业而言，这意味着能够更快速地洞察市场动态、更精准地把握客户需求，进而在激烈的市场竞争中占据先机。

在数据存储方面，大数据理论同样引领着技术的革新。传统的存储方式在面对海量、非结构化数据时往往显得捉襟见肘，而 Hadoop 分布式文件系统（HDFS）等先进技术的出现则彻底改变了这一局面。HDFS 通过分布式存储架构，能够轻松应对 PB 级甚至更大规模的数据存储需求。同时，其强大的容错机制和可扩展性也确保了数据的稳定性和可用性，为大数据分析提供了坚实的数据基础。

2. 数据处理与分析的深度挖掘

数据处理与分析是连接原始数据与实现数据价值的桥梁，扮演着至关重要的角色。这一环节不仅要求技术精湛，更需对数据有深刻的理解和洞察。

数据处理的首要任务是数据清洗，如同对矿石进行初步筛选一样，数据情况旨在剔除错误、重复、冗余及不完整的数据，确保留下干净、准确、一致的信息，为后续分析工作奠定坚实基础。

紧接着是数据转换环节，相当于将数据从一种语言翻译为另一种语言，或将其从一种格式转换为另一种更便于分析的格式。此步骤极具灵活性，可根据不同分析需求进行定制化转换，确保数据以最佳状态进入后续分析流程。

数据挖掘则是整个分析过程的核心，综合运用统计学、机器学习、深度学习等高级技术，深入挖掘数据中的隐藏价值。通过数据挖掘，可发现数据间的关联和趋势，预测未来发展方向，甚至识别潜在风险和机遇。这种深度挖掘能力使大数据成为当今时代的宝贵资源。

最后，可视化技术的运用将数据从枯燥的数字和文字中解放出来，通过图形、图表、动画等直观易懂的方式予以呈现。这不仅降低了数据理解的门槛，还大幅提升了数据的传播效率和应用范围。借助可视化，用户可更快速地捕捉数据中的关键信息，从而作出更明智的决策。

如此环环相扣、层层递进的过程，构成了数据处理与分析的深度挖掘。它要求不仅技术精湛，更需对数据保持敏锐的洞察力，方能充分挖掘大数据中的宝藏，为社会的进步和发展贡献力量。

3. 数据价值的最大化与应用拓展

在大数据的时代背景下，数据的价值得到了前所未有的重视。大数据理论的终极目标，正是实现数据价值的最大化，这一目标的达成，远非简单的数据到信息、知识的转化，更关键的是在于如何将这些宝贵的信息和知识精准、高效地应用于各类实际场景，从而为各类决策提供坚实、科学的支撑。

深入商业战场，大数据的应用已如破竹之势。精准营销、客户细分、产品推荐等场景，大数据都展现出了其强大的实力。企业得以更加深入地洞察市场脉动，精准捕捉消费者需求，从而在产品设计、市场策略、服务优化等方面作出更为明智的决策。这不仅助力企业赢得了市场竞争的先机，更在无形中提升了品牌的影响力和客户的忠诚度。

与此同时，大数据在公共领域的舞台上也正大放异彩。政府部门通过大数据的加持，得以在公共服务、社会治理、危机应对等多个方面实现质的飞跃。以公共交通为例，庞大的数据流经过智能分析，能够准确预测未来的交通状况，为政府部门的交通疏导提供了有力依据。而在环境保护领域，大数据同样功不可没，实时监测、数据分析、问题预警、措施制定，一系列流程下来，政府的环境治理能力得到了显著提升。

当然，大数据的魔力还远不止于此。在科研、教育、医疗等诸多领域，大数据都在悄然改变着我们的世界。科研工作者通过挖掘海量数据中的隐藏规律，为科学研究提供了新的思路和方法；教育工作者利用数据分析学生的学习行为，实现了个性化教学的可能；而在医疗领域，大数据更是助力医生作出更为准确的诊断，为患者带来了更好的治疗体验。可以说，大数据正在以其独特的方式，推动着人类社会的全面进步。

（二）大数据理论在实践中的广泛应用

1. 商业智能的崭新篇章

商业智能的崭新篇章正由大数据理论与应用共同谱写，它们之间的融合不仅标志着企业信息化水平的质的飞跃，更是引领行业变革的重要力量。在这个数据为王的时代，大数据理论在商业智能领域的应用已经展现出其强大的生命力和广阔的前景，成为企业获取竞争优势、实现可持续发展的关键所在。

通过构建基于大数据的商业智能系统，企业能够以前所未有的方式整合和分析内外部数据。这些数据涵盖了市场、客户、供应链、财务等各个方面，为企业提供了全方位、多维度的视角。企业可以更加深入地了解市场动态，把握行业趋势，及时调整战略方向。同时，通过对客户数据的挖掘和分析，企业能够更准确地把握客户需求，提供个性化的产品和服务，从而提升客户满意度和忠诚度。

在零售行业，大数据分析技术的应用更是如鱼得水。通过收集消费者的购物记录、浏览历史、搜索关键词以及社交媒体互动等数据，企业能够绘制出精细的消费者画像，洞察其购物习惯和偏好。这不仅为企业制定营销策略提供了有力支持，还能帮助企业优化产品组合和定价策略，实现利润最大化。此外，大数据在库存管理方面的应用也取得了显著成效。通过预测销售趋势和库存需求，企业能够合理安排采购计划，避免库存积压和缺货的发生，从而降低成本风险，提升运营效率。

总的来说，大数据理论在商业智能领域的应用已经深入企业的各个层面，成为推动企业转型升级的重要引擎。随着技术的不断进步和应用场景的不断拓展，我们有理由相信，商业智能的崭新篇章将更加精彩纷呈，为企业带来更多的机遇。

2. 社会治理与公共服务的智慧升级

大数据理论的应用已经渗透到社会治理与公共服务的各个层面，成为推动智慧城市建设和发展的关键动力。在这个信息化的时代，政府借助大数据的力量，能够更加精准、高效地管理社会事务，提供更加优质、便捷的公共服务，实现社会治理的现代化转型。

在交通治理领域，大数据展现了其强大的潜力。政府通过分析海量的交通数据，包括车辆行驶轨迹、道路拥堵情况、交通事故记录等，能够更加科学地规划城市交通布局。这不仅可以优化交通信号灯控制系统，实现智能交通管理，还能有效缓解交通拥堵问题，提升城市交通运行效率。此外，大数据还能帮助政府预测交通流量和出行需求，为公共交通规划提供有力支持，进一步改善市民的出行体验。

在环境保护方面，大数据同样发挥着举足轻重的作用。政府通过实时监测环境数据，如空气质量指数、水质污染状况、噪声污染水平等，能够及时发现环境污染事件，并迅速采取应对措施。这不仅可以及时保障公众的健康权益，还能有效防范环境风险，维护社会的稳定和可持续发展。同时，大数据还能为政府制定环境保护政策提供科学依据，推动生态文明建设迈上新的台阶。

此外，大数据在政府优化资源配置、提高公共服务水平方面也发挥着重要作用。政府通过收集和分析社会各方面的数据，能够更加精准地了解公众的需求和诉求，从而优化公共资源的配置。这不仅可以提高公共服务的效率和质量，还能实现更加公平、高效的社会治理。例如，在教育领域，大数据可以帮助政府更加合理地规划学校布局和教育资源配置，促进教育公平；在医疗卫生领域，大数据可以协助政府优化医疗资源配置，提高医疗服务水平，保障人民的健康权益。

总之，大数据理论在社会治理与公共服务领域的应用已经取得了显著的成效。随着科学技术的不断进步和应用场景的不断拓展，我们有理由相信，大数据将继续为政府提供更加强大、高效的支持，推动社会治理与公共服务的智慧升级，为人民群众创造更加美好的生活。

3.科研创新的数据驱动

在科研领域，大数据理论与应用正日益成为推动创新发展的关键引擎。在这个信息爆炸的时代，科研数据呈现出指数级增长，如何有效挖掘和利用这些数据成为科研人员面临的重要课题。大数据技术的迅猛发展，为科研创新工作注入了强大的数据驱动力，引领着科研范式的深刻变革。

通过运用大数据技术，科研人员能够全面、高效地收集、存储和处理海量的科研数据。这些数据涵盖了基因组学、蛋白质组学、天文学、地球科学等多个领域，为科研人员提供了前所未有的研究资源和机会。通过对这些数据进行深入挖掘和分析，科研人员能够揭示出隐藏在数据背后的科学规律和研究趋势，从而推动科学研究的深入发展。

大数据的引入不仅改变了科研数据的获取和处理方式，更重要的是为科研创新提供了新的思路和方法。科研人员可以利用大数据技术进行跨学科的数据整合与分析，探索不同领域之间的内在联系和相互影响。这种数据驱动、跨学科的研究方法有助于科研人员发现新的研究领域和研究方向，提出更具创新性的研究假设，并验证和发展现有的理论模型。

此外，大数据还为科研合作提供了更加便捷的平台和工具。在全球化的背景下，科研合作的重要性日益凸显。大数据技术能够帮助科研人员跨越地域和学科的界限，实现全球范围内的数据共享和协作研究。这不仅提高了科研工作的效率和质量，还促进了国际间的学术交流与合作，推动了科学技术的全球发展。

总之，大数据理论与应用在科研领域的应用已经展现出巨大的潜力和价值。随着技术的不断进步和应用场景的不断拓展，我们有理由相信，大数据将继续为科研创新工作提供强大的数据驱动力，推动科学技术的飞速发展和人类社会的全面进步。

（三）大数据理论面临的挑战

大数据理论，作为数据处理与分析领域的前沿思想，尽管已展现出显著优势和无限潜力，但在其发展过程中，仍然不可避免地遭遇多重挑战。这些挑战从技术、伦理、法律和社会等多个维度对大数据理论的进一步深化和广泛应用构成了制约。

1. 数据安全与隐私保护的严峻考验

数据安全与隐私保护在大数据时代面临着前所未有的严峻考验。随着大数据技术的迅猛发展和广泛应用，数据的采集、存储、处理和分析等环节涉及到越来越多的个人隐私信息，这使得数据安全和隐私保护问题变得尤为突出和紧迫。

首先，从技术的角度来看，大数据的复杂性和开放性为网络攻击和数据泄露提供了更多的可乘之机。黑客和不法分子利用漏洞和非法手段窃取、篡改或破坏数据，给个人、企业和国家带来了巨大的损失和风险。因此，加强数据安全技术的研发和应用势在必行。这包括采用先进的加密技术来保护数据的机密性，使用访问控制技术来限制对数据的非法访问，以及应用数据备份和恢复技术来确保数据的完整性和可用性。

其次，从法律的角度来看，数据隐私保护已成为全球共同关注的焦点。随着公众对个人隐私保护意识的日益增强，各国政府纷纷制定和完善相关的数据隐私保护法律法规，以明确数据隐私保护的原则和标准，规范数据的收集、使用和传播行为。这些法律法规不仅为个人隐私保护提供了坚实的法律保障，也为大数据产业的健康发展提供了有力的法律支撑。

然而，仅仅依靠技术和法律手段还不足以完全解决数据安全和隐私保护问题。我们还需要从更广泛的层面出发，加强行业自律和公众教育。行业组织和企业应自觉遵守数据安全和隐私保护的相关法律法规和标准，建立完善的内部管理制度和技术防范措施。同时，公众也应提高数据安全和隐私保护意识，学会正确使用和保护自己的个人信息。

2. 技术与人才匹配的难题

随着大数据时代的来临，大数据理论的发展和应用已经成为各行各业关注的焦点。然而，这一进程并非一帆风顺，技术与人才之间的匹配问题日益凸显，成为制约大数据领域进一步发展的关键因素。

大数据技术的日新月异，为数据处理、分析和挖掘提供了前所未有的可能性。从分布式存储到实时计算，从机器学习到深度学习，每一项技术的进步都为大数据的应用开辟了新的天地。然而，技术的迅猛发展也带来了一个严峻的问题：相应的人才培养和引进速度未能跟上技术的更新换代，这导致在大数据领域，具备深厚理论基础和实践经验的专业人才供不应求，人才缺口不断扩大。

人才短缺的问题不仅限制了大数据理论的深入研究，更影响了大数据在各行业的广泛应用和深度融合。企业即便拥有先进的大数据技术和设备，也难以充分发挥其效能，因为缺乏能够驾驭这些技术和设备的专业人才。这无疑是对资源和投资的巨大浪费，也阻碍了大数据继续发展的步伐。

为解决这一难题，我们必须从技术和人才两个方面入手。首先，要持续加大对大数据技术的研发和创新投入，推动大数据技术与云计算、人工智能等前沿技术的深度融合和发展。通过技术创新，不断提高大数据处理的效率和质量，降低技术门槛，使得更多企业和个人能够接触和应用大数据技术。

其次，要重视大数据人才的培养和引进工作。这需要我们建立起完善的教育培训体系，从高等教育到职业教育，从理论学习到实践操作，全方位、多层次地培养大数据专业人才。同时，通过制定优厚的人才政策，如提供有竞争力的薪资待遇、创造良好的工作环境和职业发展机会等，吸引海内外优秀的大数据人才加盟。

此外，还可以加强产学研合作，促进学术界和产业界的交流与合作。通过共建实验室、开展合作项目等方式，推动大数据技术的研发成果转化和应用落地，同时也为人才培养提供实践平台和资源支持。

总之，解决大数据领域技术与人才匹配的难题需要全社会的共同努力。只有通过技术创新、人才培养和引进以及产学研合作等多方面的措施并举，我们才能为大数据理论的发展和应用提供坚实的技术和人才保障，推动大数据时代迈向更加辉煌的未来。

3. 伦理与法规的制约

在大数据时代的浪潮下，数据已经成为一种重要的资源和资产，然而，随着大数据技术的广泛应用，伦理和法规问题也日益凸显，亟待解决。在数据采集、存储、处理和应用的各个环节中，如何保护个人隐私、避免数据滥用、减少数据歧视和维护数据的安全可信，成为社会各界共同关注的焦点。

首先，大数据应用中的伦理问题不容忽视。数据的获取和使用往往伴随个人隐私的泄露风险，因此在追求商业利益和创新的同时，必须坚守道德底线，尊重和保护个人隐私。建立明确的道德准则和行为规范，确保数据的采集和使用在合法、公正、透明的原则下进行，是大数据应用发展的基础。同时，要警惕数据歧视和偏见的可能性，特别是在涉及关键决策领域如金融、就业和公共服务等方面，通过加强数据多样性、采用合适的算法和模型验证机制，降低数据偏见的风险，推动更加公平和公正的数据应用。

其次，法规制定在大数据领域的重要性不言而喻。政府和相关机构应积极介入，制定全面的数据保护法规，明确数据主体的权益和义务，规范数据控制者和处理者的行为。这些法规应涵盖数据访问、更正、删除、可携带等基本权利，并提供有效的法律救济机制，保障数据主体的合法权益。同时，政府还应推动数据共享和开放的标准和机制建设，打破数据孤岛，促进数据流通和利用，同时确保数据的安全和隐私保护。

为应对伦理和法规的挑战，需要加强多方共治和协同合作。政府、企业、学术界和社会各方应共同参与大数据伦理和法规的研究与实践，形成合力。通过加强宣传教育、提升公众数据意识、开展跨界合作以及实施严格的监管措施，共同构建一个健康、规范、可持续的大数据生态系统。

展望未来，大数据理论仍展现出广阔的发展前景和无限潜力。随着技术的不断进步、政策法规的逐步完善以及社会各界的共同努力，大数据将在各个领域发挥更加重要的作用。从政府决策到社会治理，从公共服务到商业创新，大数据将持续推动社会的数字化转型和智能化升级，为人们的生活带来更加便捷、高效和美好的未来。同时，随着大数据技术的不断创新和突破，以及大数据人才队伍的不断壮大，大数据理论也将迎来更加广阔的发展空间和更加光明的未来。

三、就业创业理论：解析劳动力市场的关键视角

（一）作为社会镜像的劳动力市场

劳动力市场远非单一的经济交易场所，而是错综复杂的社会之缩影。其细微的变动与调整不仅反映了经济的起伏，更折射出社会深层的结构变革与价值观念。从工资的微妙波动到就业结构的重塑，再到失业率的升降，每一个环节都与社会经济状况紧密相连，成为揭示社会动态的重要窗口。

首先，劳动力市场中的不平等问题，如同一面镜子，映射出社会资源分配的非均衡性。这种不均衡，如同水流在不平的地面上形成的漩涡，将教育资源、技能培养和职业机会等方面的不平等无情地放大。这种差异，进一步导致了劳动力市场中明显的收入差距与职业发展壁垒。收入，作为衡量一个人劳动价值的重要指标，却在这里因为种种不平等而呈现出巨大

的落差。更为复杂的是，性别、社会地位等多元因素在劳动力市场中的交织作用。这些因素如同一张张无形的网，将人们束缚在特定的角色和地位中。性别歧视、社会地位的不平等，都在这里得到了充分的体现。这不仅是个体命运的差异，更是对整个社会公正与和谐的挑战。这种不平等并非仅仅停留在经济层面，它更深入地反映了社会的价值观和道德观。一个公正、和谐的社会，应该为每个人提供平等的机会和资源，让每个人都能够充分发挥自己的潜能，实现自己的价值。然而，现实中的种种不平等，却让我们看到了社会的不公与偏见，这无疑是对社会公正与和谐的潜在威胁。因此，我们必须正视劳动力市场中的不平等问题，深入探讨其根源，并寻求有效的解决之道。只有这样，我们才能逐步消除社会的不公与偏见，构建一个更加公正、和谐的社会。

其次，劳动力市场的动态演变展现了社会对机遇与挑战的应对策略。全球化进程不断加速，使得各国经济紧密相连，资源和信息在全球范围内自由流动。这一趋势为劳动力市场带来了前所未有的机遇。例如，跨国公司的扩张为劳动者提供了更多的就业岗位和职业发展空间；国际贸易的繁荣也催生了众多与外贸相关的新职业，如跨境电商运营、国际物流管理等。与此同时，科技进步尤其是数字技术的迅猛发展，正在引领一场深刻的产业变革。人工智能、大数据、云计算等技术的广泛应用，不仅改变了传统行业的生产方式和商业模式，也为劳动力市场带来了新的增长点。例如，数据分析师、软件开发工程师等高科技职位需求激增，成为当今市场的热门职业。然而，全球化和科技进步也带来了巨大的挑战与不确定性。新兴行业的兴起往往伴随着传统行业的衰退，导致部分劳动者面临失业风险。此外，新技术的不断涌现也对劳动者的技能水平提出了更高的要求。为了适应这些变化，劳动者必须具备更强的学习能力和适应能力，不断更新自己的知识体系，以应对不断变化的市场需求。在这一背景下，政府、企业和个体都在积极应对挑战，把握机遇。政府通过制定相关政策，如提供职业培训、鼓励创新创业等，来帮助劳动者提升技能、转换职业，以适应劳动力市场的变化。企业则通过加大研发投入、推动技术创新来保持竞争优势，同时关注员工培训和发展，以提升整体劳动力素质。个体方面，越来越多的劳动者开始重视终身学习，主动寻求职业咨询和技能培训，以提升自己的职业竞争力。

再次，探究劳动力市场稳定性与变革性的平衡艺术，实际上是在剖析社会秩序与创新精神之间的和谐相融。这种平衡不仅仅是两种力量的简单共存，更是一种深层次的协调与融合，它如同一首精巧的交响乐，各个乐章既独立又相互呼应。在追求经济增长与社会稳定的目标上，政府与企业的角色举足轻重。他们必须像熟练的舞者，在经济的大舞台上轻盈而稳健地跃动，确保劳动力市场的每一个节奏都恰到好处，每一次转身都优雅且不失稳重。这意味着，要确保市场的有序运行，为劳动者提供稳定的工作环境，同时也要为企业创造有利于持续发展的经济环境。然而，当外部环境发生变化，或者内部需要推动新的发展时，这场舞蹈的节奏就需要进行相应地调整。这时，政府与企业需要展现出足够的灵活性和创新性，激发市场的创新活力与应变能力，如同在舞蹈中巧妙地融入新的舞步和元素，使整个表演更加生动和多彩。这种平衡艺术，既是对过去的尊重和维护，也是对未来的勇敢探索。它不仅仅是一种经济策略，更是一种社会智慧，体现了我们在不断变革中寻找稳定与发展的过程。就像是在历史的长河中，我们既要珍惜和传承那些经得起时间考验的宝贵传统，又要勇敢地拥抱新思想、新技术，以开创更加美好的未来。

总的来说，劳动力市场作为社会的一面镜子，深刻且多维地反映了社会的真实面貌与发展轨迹。通过对这一市场的深入分析与理解，我们可以更准确地把握社会的脉搏与未来走向，为构建和谐、公正、富有活力的社会提供有力的支撑与指引。

（二）作为解析工具的就业创业理论

就业创业理论在劳动力市场的解析中占据着举足轻重的地位，它不仅为我们提供了独特的观察视角，还深入剖析了市场运行的内在逻辑与深层规律。通过这一理论工具，我们能够更加全面、系统地理解劳动力市场的构成要素、相互关系、动态演变及其对经济社会发展的影响。

首先，就业理论详细阐释了劳动力市场的供求关系及其影响因素。从需求角度来看，劳动力市场的需求受到几大关键因素的驱动。就经济发展状况而言，它像一只"看不见的手"，引导着企业的招聘决策和劳动者的就业机会。当经济蓬勃发展时，企业信心增强，投资扩大，劳动力需求自然升高；而在经济低迷时期，企业为了生存而缩减规模，劳动力需求相应减少。就产业结构的调整而言。随着经济的转型升级，一些传统行业逐渐衰退，而新兴行业如雨后春笋般崛起。这种变化导致劳动力需求的结构性调整，某些技能可能变得过时，而另一些技能则变得炙手可热。就技术进步对劳动力需求而言。科技的飞速发展不仅改变了传统行业格局，也深刻影响着劳动力的需求模式和岗位设置。自动化、智能化等技术的广泛应用，使得一些传统岗位被取代，但同时也为劳动者提供了更多高质量、高技能的就业机会。从供给角度来看，劳动力市场的供给状况同样受到多重因素的影响。人口结构的变化是一个长期趋势，随着人口老龄化的加速，劳动力供给总量面临缩减的挑战。这意味着在未来，劳动力市场可能面临更为严峻的供需矛盾。然而，教育水平的提升为劳动力市场注入了一股新的活力。随着教育普及和高等教育的发展，劳动者的整体素质得到了显著提升。这不仅为经济发展提供了强有力的人才支撑，也为劳动者自身创造了更多职业发展的可能性。最后，就业观念的转变也在悄然改变着劳动力市场的供给格局。新一代劳动者更加注重个人价值的实现和职业成长，他们更倾向于选择灵活多样的就业方式。这种转变为企业提供了更多招聘和用人选择的同时，也要求企业更加注重员工关怀和职业发展路径设计。

其次，创业理论则深入剖析了创业活动的内在动因和外部环境条件。创业，这一活动蕴含着深厚的个人追求与社会价值。它不仅仅是个体为了实现经济独立而作出的选择，更是展现自我价值、推动社会进步与创新的重要手段。谈及创业的内在驱动力，我们不得不提的是那份对自主经济命运的渴望。许多人选择创业，正是为了摆脱传统职业路径的束缚，追求更大的经济自由。但更深层次的，是对自我实现的热切期望。通过创业，他们能够将个人的理念、才华与梦想转化为实际的产品或服务，从而在市场上留下独特的印记。然而，仅有热情与梦想是远远不够的。成功的创业者还需具备三大核心能力：敏锐的市场直觉，这使他们能够捕捉到稍纵即逝的商机；出色的创新思维，帮助他们打破常规，引领行业潮流；坚韧的意志，支撑他们在遭遇挫折时仍能保持初心，继续前行。外部环境同样对创业的成败产生深远影响。在这方面，政府的扶持政策起着关键作用。通过税收优惠、创业辅导和孵化器等手段，政府为创业者搭建了一个更加公平的竞技场。同时，市场需求的持续旺盛为创业者提供了源源不断的动力和广阔的发展空间。而金融机构的融资支持，则如同及时雨，为创业者解决了资金上的后顾之忧。总的来说，创业是一场内外因素交织的复杂旅程。它要求创业者不仅要有坚定的信念和卓越的能力，更要善于在变幻莫测的市场中捕捉机会，利用外部资源，最终实现自己的梦想。与此同时，政府、市场和金融机构的协同支持，也为这场旅程增添了更多的可能性和保障。

再次，就业创业理论还深入探讨了劳动力市场的动态平衡及其调节机制。这一领域的研究，对于我们理解劳动力市场的运作规律、优化劳动力资源配置以及促进经济社会的持续健康发展具有重要意义。在劳动力市场中，供求关系的变化是市场活力的源泉，也是市场调节的基石。当劳动力需求增加时，市场会通过提高工资水平、增加就业机会等方式来吸引更多的劳动力进入市场，从而满足经济发展的需要。反之，当劳动力供过于求时，市场则会通过降低工资、减少就业机会等方式来促使部分劳动力退出市场或流向其他行业，以实现市场的动态均衡。这一调节机制并非机械性的，而是充满了复杂性和多样性。例如，在经济快速发展、产业结构不断升级的背景下，某些新兴行业可能对劳动力产生大量需求，从而推动相关岗位的工资水平上升。这不仅会吸引更多的劳动力涌入这些行业，还可能引发一系列连锁反应，如教育培训的兴起、职业咨询服务的繁荣等。同时，劳动力市场的动态平衡也受到多种外部因素的影响。政府的就业政策、社会保障制度、教育体制等都会对劳动力的供求关系和市场调节机制产生影响。例如，政府通过实施积极的就业政策，可以提供更多的就业机会和职业培训服务，从而降低失业率，促进劳动力市场的稳定发展。值得注意的是，劳动力市场的动态平衡并非一蹴而就，而是一个持续不断的调整过程。随着经济社会的发展变化，劳动力市场的供求关系和市场结构也在不断调整和优化。这就要求我们密切关注市场动态，及时调整政策和策略，以实现劳动力资源的最佳配置和市场的长期均衡发展。

最后，就业创业理论不仅深入剖析了个体层面的职业选择与发展，还从更宏观的视角强调了劳动力市场对经济社会发展的关键作用。一个充满活力和稳定的劳动力市场，就像经济社会的血脉，源源不断地提供必要的人力资源，是推动经济增长和社会进步不可或缺的动力源泉。具体而言，一个健康、稳定的劳动力市场意味着人才和技能的合理流动与高效配置。这种流动与配置，不仅使得各行各业能够得到合适的人才，还促进了技术的传播和知识的共享。在这样的市场环境下，企业和组织能够更容易地找到符合其需求的人才，从而推动业务创新和扩张。同时，劳动力市场的状况实际上也是一面镜子，折射出一个国家或地区的社会经济状况和发展水平。一个充满活力、机会均等的劳动力市场，通常意味着该国或地区的经济繁荣和社会进步。相反，劳动力市场的僵化或不平衡则可能反映出深层次的社会经济问题。正因为劳动力市场如此重要，政府和企业有责任也有必要高度重视其建设和发展。政府应通过制定和执行相关政策，引导劳动力市场的健康发展，确保人才的合理流动和高效利用。同时，加强市场监管也是必不可少的，以防止市场失灵和不当行为。值得一提的是，随着信息化时代的到来，劳动力市场也面临着新的挑战和机遇。政府和企业应积极推动劳动力市场的信息化进程，利用大数据、人工智能等先进技术，提高劳动力市场的透明度和效率。

四、思想政治教育理论：引导价值观的重要基石

（一）核心目标：促进人的全面发展与道德提升

思想政治教育理论将人的全面发展作为其根本和核心的追求。这种发展不仅局限于智力的提升或技能的习得，而是深入到个体的精神世界，着眼于道德品质的塑造与升华。通过一套系统、连贯且富有科学性的教育方法，引导人们构建稳固而正向的世界观、人生观和价值观，从而为社会培育出既有过硬本领，又有健全人格的现代公民。

在这一过程中，世界观教育如同灯塔，照亮人们探索世界本质的道路。它不仅传授关于宇宙和自然的知识，更引导人们以开阔的视野和科学的态度去审视和理解世界，帮助个体形成全面而深刻的宇宙观和自然观。这种教育使人们能够在遇到生活中的各种挑战时，以更加理性和宽容的心态去应对。

人生观教育则如同一面镜子，反映出生命的意义和价值。它鼓励个体从内心深处去探寻生命的目的，而不仅仅满足于物质生活的追求，更着眼于精神世界的充实和提升。这种教育旨在引领人们追求更有深度和宽度的人生，使每一个生命都能绽放出独特的光彩。

而价值观教育则如同一把标尺，衡量着个体行为的对错与优劣。它侧重于培育人们的价值判断和选择能力，通过教育与实践的紧密结合，帮助个体确立符合社会发展潮流和道德规范的价值取向。在面对纷繁复杂的社会现象时，这种教育赋予人们以明智的眼光和负责任的态度，使个体能够作出正确且有益的选择。

可见，思想政治教育理论致力于通过全方位的教育引导，推动个体在知识、技能和道德精神上的全面进步。它不仅仅关注个体的外在成就，更看重内在品质的塑造和提升，从而为社会培育出既具备专业素养，又拥有崇高品质的现代公民。这样的公民不仅能够在各自的领域里发光发热，更能够为社会的和谐与进步贡献自己的力量。

（二）教育策略：以针对性与实效性为目标，全面深化思想政治教育

思想政治教育理论，在追求知识普及的广度的同时，更加注重对个体思想深层次的探索和引导，以及对教育实效性的追求。这一理论明确指出，教育者必须深入洞察每位教育对象的内心世界，精准把握他们的思想脉搏和深层需求，从而能够根据个体的差异性和独特性，结合当前社会的时代特征和环境变迁，量身定制出既切合实际又具有远见卓识的教育内容和教学方法。

在实施教育的过程中，教育者需要灵活运用多种教育手段，如深入浅出的理论阐释、寓教于乐的实践操作以及触动心灵的情感体验等，更要注重这些教育手段之间的协同配合与相互增强，以构建一个多维度、互动式的学习环境。这种立体化的教育方法，不仅能够有效激发教育对象的学习兴趣和内在动力，更能够引导他们从内心深处真正接纳、深刻理解并主动内化教育内容，从而实现教育效果的最大化。

此外，思想政治教育理论还深刻揭示了教育的长期性和动态性特征。它提醒我们，教育不是一次性的活动，而是一个持续不断、循序渐进的过程。因此，教育者必须具备前瞻性的视野和持续性的投入，不能仅仅满足于眼前的教育成果，而应立足于长远的教育目标。在持续的教育实践中，教育者需要时刻保持对教育方法和教育对象之间适应性的关注，不断进行自我反思和调整，以确保教育策略始终与教育对象的成长需求和社会发展同步。

同时，随着时代的进步和社会的发展，新的教育理念和教学方法层出

不穷，这为思想政治教育提供了更多的可能性和选择。教育者应积极接受这些变化，勇于尝试和创新，将新的教育元素融入到实践中，以丰富教育的内涵和形式，提升教育的吸引力和影响力。

（三）教育环境：与社会的动态互动、深度融合与协同进化

思想政治教育理论在深入探索教育与社会环境之间的关系时，展现了一种全面、细致且富有洞察力的理解。这一理论不仅清晰地认识到教育与社会环境之间所存在的千丝万缕的联系，更进一步地揭示了它们之间那种动态互动、深度融合以及协同进化的深层次本质。

首先，思想政治教育理论着重强调，教育者应当成为社会变迁的敏锐观察者和积极应对者。在如今这个日新月异、信息爆炸的时代，社会环境正在以前所未有的速度发生变化。因此，教育者必须具备高度的敏锐性和前瞻性，能够及时捕捉到那些新兴的信息、观念和技术，并将这些元素巧妙地融入到教育的内容和方法当中。这种动态而灵活的调整，不仅确保了教育能够始终紧跟时代的步伐，更使得教育成为引领和推动社会进步的重要力量。

其次，该理论大力倡导教育者应积极推动教育对象与社会实践之间的深度融合。这种融合并非简单的形式上的结合，而是要求教育者能够引导教育对象深入社会实践的第一线，去亲身感受和体验那些真实而复杂的社会现象和问题。通过参与诸如志愿服务、社区建设、环境保护等丰富多样的实践活动，深刻领悟到社会实践所蕴含的意义和价值，并在这一过程中锤炼自己的品格和能力，实现自我价值的提升和超越。

再次，思想政治教育理论还积极鼓励教育者引导教育对象主动参与到公共事务的讨论和决策当中。这种参与并非仅仅停留在表面的形式上，而是要求教育对象能够深入公共事务的核心层面，去理性地分析和思考那些关乎社会发展和民生福祉的重大问题。通过这一过程，教育对象不仅能够显著提升自己的公民意识和政治素养，更能够学会如何在多元复

杂的社会环境中寻求共识、化解冲突，为构建和谐稳定的社会贡献自己的力量。

最后，思想政治教育理论强调教育与社会环境之间的协同进化关系。这种协同进化并非单方面的影响或塑造，而是要求教育与社会环境之间能够实现一种良性的互动和共赢。在这一过程中，教育不仅受到社会环境的影响和塑造，同时也通过培养具备高度社会责任感和创新精神的人才来反哺社会、推动社会的进步和发展。这种协同进化的教育理念和实践模式，使得思想政治教育成为了连接个体与社会、现在与未来的重要桥梁和纽带。

（四）教育创新：实效性与优秀人才培养的驱动力

思想政治教育理论在推动教育实效性提升与优秀人才培养方面具有举足轻重的地位。这一理论深入剖析了教育的本质，强调了教育过程中人的主体性和差异性，为我们提供了全新的教育视角和方法论。

首先，该理论着重指出，每一个教育对象都是具有独特个性和需求的个体。因此，提升教育实效性的关键之一在于充分了解和尊重这些个性与需求。教育者应通过细致的观察和深入的交流，掌握教育对象的兴趣、特长、价值观等，从而为他们量身定制合适的教育内容和方式。这样一来，教育不再是一成不变的"流水线作业"，而是能够触及每个个体灵魂的"私人订制"，其实效性自然得到显著提升。

其次，思想政治教育理论强调理论与实践的紧密结合。在传统的教育模式中，理论往往与实践脱节，导致教育对象难以将所学知识应用于实际生活中。为了打破这一僵局，该理论鼓励教育者积极创设实践机会，引导教育对象在亲身参与中深化对理论的理解和认知。例如，可以组织社会调研、模拟演练、实地考察等活动，让教育对象在实践中感受理论的魅力，提升其实践能力和创新能力。

再次，加强教育者与教育对象之间的互动与沟通也是提升教育实效性的重要途径。在传统的教育模式中，教育者往往扮演着"传道授业解惑"的角色，而教育对象则处于被动接受的地位。然而，思想政治教育理论认为，教育应该是一个双向互动的过程。教育者需要放下架子，以平等、开放的心态与教育对象进行深入的交流与探讨，共同探索真理、解决问题。这种互动式的教育方式不仅能够激发教育对象的积极性和主动性，还能够培养其批判性思维和创新能力。

最后，思想政治教育理论鼓励教育者不断创新教育方法与手段。在科技日新月异的今天，我们可以借助各种先进的技术工具和平台来丰富教育的形式和内涵。例如，利用大数据和人工智能技术对教育过程进行精准分析和个性化推荐；利用虚拟现实和增强现实技术为教育对象提供沉浸式的学习体验；利用社交媒体和在线平台拓展教育的时空边界等。这些创新实践不仅能够提升教育的吸引力和感染力，还能够培养出更多具备高度社会责任感和创新能力的优秀人才。

第二节　数据来源

一、相关数据库

数据库资源的丰富性和深度对于研究的深入至关重要，因此，本研究不仅依托了传统权威数据库，还积极拓展新兴数据源，旨在构建一个更加全面、精准的数据体系。

首先，国家统计局、教育部、人力资源和社会保障部等官方数据库资源，作为宏观就业创业数据的权威来源，其重要性不言而喻。这些数据库所涵盖的信息范围广泛且深入，包括大学生就业率、创业率、薪资水平、行业分布等关键指标，为全面描绘大学生就业创业市场的整体态势提供了宝贵的数据支撑。这些官方数据库资源的权威性体现在其数据采集、处理和发布的严格流程上。这些数据往往经过多轮审核和校验，具有较高的准确性和可靠性。因此，这些数据库提供的数据在宏观分析和趋势预测方面具有极高的参考价值。通过对这些官方数据库资源的长期跟踪和深入分析，能够洞察大学生就业创业市场的动态变化和发展趋势。例如，通过对比不同年份的就业率和创业率数据，可以揭示大学生就业创业市场的冷热变化；通过分析薪资水平和行业分布数据，可以揭示不同行业和地区的就业吸引力和竞争力。进一步地，这些宏观数据还能为政策制定者提供有力的决策依据。通过对大学生就业创业市场的整体状况和发展趋势的准确把握，政策制定者可以更加精准地制定相关政策，以促进大学生就业创业市场的健康发展。例如，针对就业压力较大的行业和地区，可以制定更加优惠的就业政策和创业扶持政策，以吸引更多的大学生投身其中。

其次，为了更加精准地掌握大学生就业创业的具体情况和个性化需求，本研究积极整合了高校毕业生就业信息网、人才市场数据库等一系列专业性数据库资源。这些数据库不仅涵盖了大学生就业创业的基础数据，还深入到了不同专业、不同学历、不同性别等各个维度，为研究提供了极为细致入微的数据信息。通过深入挖掘和分析这些数据，得以全面了解大学生的就业状况、创业意向以及职业发展需求。这些数据不仅反映了大学生就业创业的整体趋势，还揭示了不同群体之间的差异和特点，为制定更加精准的就业创业政策提供了有力的数据支撑。同时，这些数据也揭示了大学生在就业创业过程中所面临的挑战和困境，如专业技能与市场需求的不匹配、创业资金的匮乏、职业规划的模糊等。进一步地，这些专业性数据库资源还为大学生就业创业服务提供了更加精准的方向。例如，通过数据分析，可以为大学生提供更加符合其需求的职位信息、创业机会等，从而提高其就业创业的成功率。同时，这些数据库还能够及时反馈市场动态和行业需求，帮助大学生调整就业期望和职业规划，更好地适应社会发展。此外，对这些数据的深入分析还为思想政治教育提供了有针对性的指导。教育者可以根据大学生的就业创业情况和需求，设计更加贴近实际的思想政治教育内容和方法，帮助大学生树立正确的就业观、创业观和价值观，提升其综合素质和竞争力。

此外，在当今数字化时代，信息技术和社交媒体作为新型的信息传播媒介，以其独特的优势和功能，深刻地改变着传统的信息传播格局和方式。特别是对于大学生就业创业领域来说，这些技术的应用更是带来了一场"数据革命"。网络爬虫技术，如同一只高效、不知疲倦的"数据捕手"，游走在网络的每一个角落，不断地抓取与大学生就业创业相关的信息。从各大招聘网站上的职位信息、薪资待遇、招聘要求，到行业论坛、社区里的讨论热点、专业趋势，再到个人博客、公众号的就业感悟、创业故事等，这些信息都被爬虫一一捕捉并整合，形成了一幅全方位、多角度的就业创业图谱。通过这些信息，我们不仅能够清晰地看到市场的供需变化、行业的发展趋势，还能够深入地了解大学生的求职心态、职业规划以及他们所面临的困难和挑战。与此同时，社交媒体 API 接口的开放和应用，使得我们可以更加便捷地获取大学生在社交媒体平台上的动态和行为数据。这些数据，如同一面镜子，真实地反映出大学生的就业创业状态和需求。通过对这些数据的深入挖掘和分析，我们可以洞察大学生的求职期望、职业偏好、行业认知等深层次信息，为相关机构提供更加精准、个性化的服务和指导。更为重要的是，这些新兴技术手段还为我们提供了一个实时的数据监控和反馈机制。通过设定关键词监控、情感分析等方法，我们能够及时捕捉到网络上关于大学生就业创业的热点话题和舆论风向，从而快速反应，调整和优化服务策略。这种实时的数据驱动模式，不仅提高了服务的效率和针对性，还大大增强了我们对市场动态和大学生需求的把握能力。总之，信息技术和社交媒体的融合应用，为大学生就业创业领域带来了一场前所未有的数据革命。通过充分运用这些新兴技术手段，我们有望更加精准地把握市场脉络，更加深入地了解大学生的真实需求，为推动相关政策的制定和完善提供更加强有力的数据支撑和决策依据。

值得一提的是，一些跨学科、综合性的数据库资源在当前大学生就业创业与思想政治教育融合研究中扮演了举足轻重的角色。例如，社会科学数据中心、人文社科数据库等，它们不仅整合了多元学科的数据资源，还打通了不同领域的研究壁垒，为研究者提供了一个全方位、多维度的观察平台。利用这些综合性数据库资源，我们可以从社会、文化、经济、心理等多重角度审视大学生就业创业问题，同时将其与思想政治教育紧密相连。这种跨学科的融合分析，使我们能够更加深入地理解大学生就业创业背后的深层次动因，以及思想政治教育在其中的独特作用。进一步来说，这些数据库资源不仅为我们揭示了大学生就业创业的现状和趋势，更重要的是，能够帮助我们识别出影响就业创业的关键因素，以及这些因素与思想政治教育之间的复杂互动。这种深入理解有助于我们制定更加精准、有效的政策干预措施，以更好地促进大学生就业创业与思想政治教育的有机融合。此外，通过对比分析不同数据库资源中的信息，我们还可以发现一些新的研究问题和视角。比如，不同学科领域的数据可能呈现出不同的问题侧重点和解决路径，这为我们的研究提供了新的启示和思考方向。因此，跨学科、综合性的数据库资源在推动大学生就业创业与思想政治教育融合研究中发挥了不可替代的作用。它们不仅提供了丰富的数据支持，还拓展了我们的研究视野，为相关领域的创新发展注入了新的活力。未来，随着数据资源的不断丰富和研究方法的持续创新，我们有望在这一领域取得更加丰硕的研究成果。

二、调查问卷

为了更深入地了解大学生的就业创业意愿、思想政治教育需求，以及这两者之间可能存在的内在联系，本研究精心设计了一套全面而科学的调查问卷。以下是问卷设计的详细过程和内容。

（一）问卷设计的前期准备：深耕细作，筑牢基础

在问卷设计的起始阶段，我们投入了大量的时间和精力进行细致入微的前期准备工作，以确保最终问卷的精准性、全面性和实用性。这一阶段的工作涵盖了深入的文献挖掘、广泛的市场洞察以及贴心的访谈沟通，每一个环节都经过精心策划和严格执行。

首先，在文献回顾方面，我们不仅广泛搜集了国内外相关领域的经典文献和最新研究成果，还对这些资料进行了深入的分析和对比。通过梳理大学生就业创业的历史脉络、政策演变以及思想政治教育的发展趋势，我们得以洞察其中的规律和问题，为问卷设计提供了坚实的理论支撑和丰富的背景信息。

其次，为了更准确地把握市场动态和大学生群体的真实需求，我们开展了全方位的市场调研。利用线上问卷、社交媒体监听、行业论坛讨论等多种渠道，广泛收集了大学生对于就业创业和思想政治教育的关注焦点、疑虑困惑以及期待建议。同时，我们还对收集到的数据进行了精细化的处理和分析，以揭示其中的趋势和规律，为问卷设计提供了有力的数据支撑。

此外，我们还特别注重与大学生的直接沟通。通过组织座谈会、个别访谈以及线上交流群等多种形式，与大学生进行了深入而坦诚的交流，认真倾听他们的声音，了解他们的就业创业意愿、思想政治教育需求以及面临的困难和挑战。这些宝贵的反馈不仅让我们更加贴近大学生的内心世界，也为问卷设计提供了更加精准的问题定位和更具针对性的选项设置。

（二）问卷内容的全面设计

表 1 为问卷设计的主要内容。

表 1　问卷内容设计

模块	内容	涵盖项目
个人基础信息与背景概览	人口学基本信息	涵盖性别、年龄、民族等，以勾画出受访者的基础人口特征轮廓
	教育经历细节	包括专业方向、学历层次、学校背景等，旨在全面了解受访者的学术成长路径
	家庭环境扫描	探索家庭经济条件、父母职业与教育背景等，以揭示家庭因素对个体职业选择的影响
就业与创业意向的立体解读	职业愿景与发展规划	深入挖掘受访者的长远职业目标、短期就业设想，以及对职业生涯的憧憬
	薪资期望与行业兴趣	系统了解受访者对薪资的预期，对不同行业的兴趣点，以及对行业前景的洞察
	就业准备与选择偏好	探讨受访者在就业前的准备举措，对工作的选择标准，以及看重的职场要素
	创业意向与蓝图	针对具备创业意向的受访者，详尽探讨其创业初衷、规划蓝图、面临的挑战与期望的支持
思想政治教育接受度的全息评估	思想政治教育的整体感知	评估受访者对思想政治教育的认识程度、态度倾向及其对个人成长的意义
	教育内容与实效反馈	详细询问受访者在思想政治教育中所接触的主题、内容及其对个人思想行为的影响
	教学方式与互动体验	了解受访者对当前思想政治教育模式的感受、参与度，以及期望的教学改进点
	未来期望与建议收集	广泛征集受访者对思想政治教育未来发展的期待与建议，为教育创新提供思路

（三）问卷发放的多元方式

为了确保我们的问卷能够全面触及不同地域、专业背景及年级层次的大学生群体，我们精心策划并实施了线上与线下并行的发放策略。

在线上方面，我们充分利用了各大高校的官方网站、热门的社交媒体平台以及专业的在线调查工具进行问卷的发布与数据收集。这种方式的显著优势在于其传播的高效性和广泛的覆盖范围。通过高校官网的发布，我们确保了目标受众中的学生群体能够及时获知并参与调查；而社交媒体平台的运用，则进一步拓宽了我们的受众基础，使得问卷能够在更多潜在的大学生受众中迅速传播；专业的在线调查平台则为我们提供了便捷的数据收集与整理服务，大大提高了工作效率。

在线下方面，我们采取了实地走访的方式，深入各大高校校园，与大学生进行面对面的沟通交流，并邀请他们现场填写问卷。这种方式的独特价值在于它能够确保所收集数据的真实性和深度。通过与大学生的直接交流，我们不仅能够观察他们的即时反应，还能够就问卷中的某些问题与他们进行深入的探讨，从而更准确地把握他们的实际想法和需求。此外，实地走访还为我们提供了一个难得的机会，让我们能够亲身感受大学生的校园生活，这对于我们更全面地理解他们的思想动态和行为模式具有不可替代的意义。

（四）数据收集与整理

在问卷的发放与回收过程中，我们注重每一个细节，力求数据的全面性和精准性。针对线上问卷，我们精心设计了问卷结构，合理设置了必填项和选填项，以确保关键信息的完整收集。同时，我们引入了先进的逻辑校验技术，对问卷数据进行实时验证和纠错，从而大大提高了数据的准确性和可靠性。

对于线下问卷，我们同样采取了严格的筛选标准和整理流程。组织专业的数据团队对回收的问卷进行逐一审核，仔细甄别无效和重复数据，并对有效数据进行分类和整理。这一过程中，我们不仅关注数据的数量，更注重数据的质量，确保每一份数据都能真实反映被调查者的意愿和需求。

通过这套精心策划和实施的调查问卷，我们不仅获取了大量关于大学生就业创业意愿和思想政治教育需求的第一手数据资料，还对这些数据进行了深入的分析和挖掘。我们发现，大学生的就业创业意愿与思想政治教育需求之间存在着密切的联系和互动关系。这些数据和分析结果不仅为我们揭示了当前大学生就业创业和思想政治教育领域的现状和问题，还为我们进一步探讨两者之间的内在联系提供了有力的数据支撑。

三、典型案例

在大数据的时代背景下，数据与典型案例的深度融合为我们揭示了大学生就业创业与思想政治教育的内在联系及其实践成效。以下将结合数据，对典型案例进行深入剖析，以期为相关领域的实践提供更具体、更有说服力的参考和启示。

（一）成功就业案例深度解析：思想政治教育、职业发展规划与数据驱动策略的融合之力

近年来，就业市场竞争日趋激烈，然而在接受过系统思想政治教育的大学生群体中，我们却观察到一股强劲的成功就业势头。这些学生不仅在求职过程中展现出卓越的职业素养和综合能力，更以高超的数据驱动策略赢得了广泛赞誉。这背后，正是思想政治教育、职业发展规划与数据驱动策略的深度融合在发挥作用。

首先，思想政治教育为这些学生打下了坚实的道德和职业观念基础。通过系统的课程学习和实践活动，他们不仅树立了正确的价值观，更培养了强烈的社会责任感和使命感。这种内在的精神力量，让他们在面对职业选择时能够坚守初心，不为短期利益所动摇，从而在职业生涯中走得更远。

其次，职业发展规划在这些学生的成功就业中起到了关键的引领作用。他们深知，规划是成功的第一步。因此，在求学期间，他们就积极制定并调整自己的职业规划，明确职业目标和发展路径。这种前瞻性的思考方式，让他们在面对就业市场时能够迅速定位自己，找到适合自己的发展方向。

与此同时，数据驱动策略的运用则为这些学生的求职过程增添了科学的翅膀。在大数据时代，他们敏锐地捕捉到数据在求职中的重要性，并学会了如何利用数据来为自己的职业规划提供有力支持。他们通过各类数据平台搜集和分析招聘信息、行业动态以及薪资水平等关键数据，为自己的求职决策提供了科学依据。这种以数据为驱动的求职方式，不仅提高了他们的求职效率，更增加了他们求职成功的概率。

以某著名高校毕业生小李为例，他在求职过程中就充分展现了思想政治教育、职业发展规划与数据驱动策略的融合之力。在求学期间，他就积极参与各类思想政治教育活动，培养了坚定的职业信仰和强烈的社会责任感。同时，他也非常注重自己的职业发展规划，明确了自己的职业目标和发展方向。在求职阶段，他更是充分运用了数据驱动策略。通过深入分析目标行业的数据信息，他成功找到了适合自己的职位并顺利通过了面试。

综上，思想政治教育、职业发展规划与数据驱动策略的融合之力在大学生成功就业中发挥了重要作用。这种融合不仅提升了学生的职业素养和综合能力，更为他们在就业市场上脱颖而出提供了有力支持。

（二）自主创业案例：思想政治教育、创新精神与数据驱动的融合实践

在当今这个信息爆炸、变革加速的时代，自主创业已成为越来越多大学生就业创业的首选路径。在这个过程中，思想政治教育不仅为学生们提供了坚实的道德伦理基础，更激发了他们的创新精神；与此同时，数据驱动的理念和技术则成为他们创业实践中的强大引擎。

众多自主创业案例表明，大学生在接受思想政治教育后，不仅具备了扎实的专业素养，更在创新思维和创业精神方面得到了显著提升。他们敢于挑战传统观念，勇于探索新的商业模式和经营理念，展现出新时代青年应有的闯劲和担当。这种精神的形成，与思想政治教育所倡导的独立思

考、勇于创新的教育理念密不可分。

而在创业实践中，这些大学生更是将数据驱动的理念发挥得淋漓尽致。他们充分利用大数据技术，进行市场调研、用户分析、产品优化等，将数据作为决策的重要依据。通过精准的数据分析，他们能够更好地把握市场脉搏，了解消费者需求，从而制定出更具针对性的产品和营销策略。这种以数据为驱动的创业模式，不仅提高了创业的效率和成功率，也让他们的创业之路更加科学和可持续。

以某高校毕业生小李为例，他在创业过程中深刻体会到了思想政治教育和数据驱动的重要性。在思想政治教育的影响下，他敢于突破传统，勇于尝试新的商业模式；而在数据驱动的指导下，他通过大数据分析精准把握了市场趋势和消费者需求，成功推出了一款备受欢迎的智能家居产品。这个案例充分展示了思想政治教育和数据驱动在自主创业中的巨大潜力。

（三）思想政治教育创新案例：大数据驱动下的教育变革与成效评估

在大数据技术的革命性推动下，高校思想政治教育正迎来前所未有的转型与升级。高校不仅将大数据作为优化教学手段的工具，更将其视为提升教育质量和实现个性化教育的重要途径。在这一创新潮流中，高校借助大数据的深度分析和精准预测，正逐步实现思想政治教育的个性化定制、差异化教学和精细化管理。

具体而言，这些高校通过构建完善的数据收集和分析体系，对学生的思想动态、行为习惯、价值观念等进行了全面而深入的探究。利用这些数据，他们不仅能够为学生提供更为贴合其需求和特点的教育内容，还能够及时发现和解决学生在思想或行为上出现的偏差和问题。

在教学内容方面，高校结合大数据分析的结果，对传统的思想政治教育课程进行了重构和优化。他们引入更多与学生实际生活和社会热点紧密相关的案例和素材，增强了课程的吸引力和感染力。同时，通过开发线上教育资源和搭建虚拟实践平台，高校还为学生提供了更加丰富多元的学习体验和互动机会。

在教学方式上，高校也进行了大胆的创新和尝试。他们利用大数据技术，实现了对学生的精准分组和差异化教学。针对不同学生群体的特点和需求，教育者可以制定更具针对性的教学方案和辅导策略，从而确保每位学生都能得到最适合自己的教育引导和支持。

此外，高校还充分利用大数据在评估领域的优势，对教育成效进行了全方位、多维度的考量。他们不仅关注学生在知识层面的掌握情况，还注重评估学生在思想观念、行为习惯、社会责任感等方面的提升和变化。通过定期的数据收集和分析，高校能够及时调整教育策略和方法，确保教育目标的实现和效果的优化。

例如，某高校在推进思想政治教育的过程中，深入应用大数据技术对学生的思想动态进行了长期跟踪和全面分析。他们发现，部分学生在面临就业、人际关系等方面的压力时，容易出现思想波动和负面情绪。针对这一问题，高校迅速组织了专门的心理辅导团队，为这些学生提供了及时有效的心理疏导和支持。同时，他们还利用大数据技术对心理辅导的过程和效果进行了详细记录和分析，以便更好地改进和完善未来的教育工作。

可见，大数据技术在高校思想政治教育中的应用已经深入各个方面和环节。它不仅为教育者提供了更为精准、全面的教育信息和决策依据，还为提升教育质量、实现个性化教育目标提供了有力的技术支撑。随着大数据技术的不断发展和完善，相信未来高校思想政治教育将迎来更为广阔的发展空间和更加美好的未来。

第三章 大学生就业创业与
思想政治教育的现状

第一节 大学生就业创业现状

一、就业形势分析

在当前错综复杂的社会背景下，大学生就业形势的复杂性和多变性日益引起社会各界的广泛关注。结合最新的研究成果，我们可以从多个维度深入剖析这一现象背后的成因。

（一）竞争压力的持续增大

随着高等教育逐渐走向大众化，大学生数量急剧增加，这一趋势对社会各方面，尤其是就业市场，产生了深远的影响。如今，每年涌入就业市场的大学毕业生数量庞大，这无疑对传统的就业市场供需平衡造成巨大冲击。

在岗位资源相对稳定甚至有限的情况下，大学毕业生数量的激增直接加剧了就业市场的竞争强度。这种竞争是全方位的，它不仅包括求职过程中的面试、笔试等环节的激烈比拼，更涉及对行业内优质岗位、晋升空间以及职业培训机会的全面争夺。这种全方位的竞争对大学毕业生的职业素养、专业技能和综合能力提出了更高的要求。

竞争压力的增大，实际上是市场经济体制下就业市场发展的一个必然结果。在市场经济中，资源的有效配置往往通过竞争机制来实现，就业市场作为资源配置的重要领域，同样遵循这一规律。大学毕业生作为就业市场中的一股重要力量，其数量的显著增加自然会引发更为激烈的竞争。

不仅如此，这种竞争态势还对大学毕业生的就业环境和职业发展产生了深远的影响。首先，日益加剧的竞争使得大学毕业生在求职过程中必须付出更多的努力和时间成本，这无疑增加了他们的就业难度和心理压力。其次，为了在竞争中脱颖而出，大学毕业生不得不持续提升自身的专业素养和综合能力，以应对市场的不断变化和企业的多样化需求。

最新的研究数据也进一步印证了竞争压力对大学生就业形势的显著影响。一些权威研究表明，在高度竞争的就业环境下，大学毕业生的失业率呈现上升趋势，而他们的起薪水平也普遍受到压制。这些研究结果不仅揭示了竞争压力与大学生就业状况之间的紧密关联，也为我们深入理解和应对当前的大学生就业难题提供了有力的科学依据。

为了有效缓解大学毕业生的就业压力，需要政府、高校、社会以及大学生自身等多方面的共同努力。政府应该通过政策引导和财政支持，促进经济的稳定增长和产业结构的优化升级，从而创造更多的就业机会；高校则应当与时俱进地调整学科专业和课程设置，加强实践教学环节，培养学生的创新能力和实践技能，以提升他们的就业竞争力；社会各界也应该积极参与到大学毕业生的就业促进工作中来，为他们提供更多的实习实训机会和职业发展指导；大学毕业生自身也需要树立正确的就业观念，不断提升个人的专业素养和综合能力，以更好地适应复杂多变的就业市场。只有这样，大学毕业生才能在激烈的就业竞争中脱颖而出，实现个人的职业发展和社会的共同进步。

（二）市场供需矛盾的不断加剧

在经济结构调整的大背景下，传统行业由于受多种因素的叠加影响，逐渐步入了衰退期。其中，产能过剩、技术落后以及市场需求萎缩是主要的推手。这些行业的衰退直接导致了对人才需求的大幅减少，许多企业甚至不得不进行裁员以维持运营。这种局面对那些从事相关工作或学习相关专业的大学生来说，无疑是一个巨大的打击。他们面临着失业或转行的风险，而转行又往往意味着需要重新开始学习和积累经验，这无疑增加了他们的就业难度。与此同时，新兴行业的蓬勃发展给大学生就业市场带来了新的希望。互联网、人工智能、新能源等领域的快速发展，创造了大量的就业岗位，并对人才提出了全新的要求。这些行业需要从业者具备扎实的专业知识、灵活的创新思维以及强大的实践能力。然而，令人遗憾的是，由于教育体制的滞后和大学生自身素质的不足，许多大学生并未能充分满足新兴行业的人才需求。一方面，部分高校的专业设置和课程体系未能及时跟上市场需求的变化，导致大学生所学的知识和技能与市场需求存在脱节；另一方面，一些大学生在学习过程中过于注重理论知识的学习，而忽视了实践能力的培养，导致他们在面对实际工作时显得力不从心。

这种市场供需之间的不匹配不仅体现在数量上的失衡，更体现在结构和质量上的错位。大量大学生虽然拥有较高的学历，但却并不具备市场真正需要的技能和素质。这使得他们在就业市场上处于不利地位，难以找到满意的工作。这种供需矛盾的不断深化进一步加剧了大学生就业形势的严峻性。

为了有效缓解大学生的就业压力并推动就业形势的持续改善，我们需要从多个方面入手。首先，政府应加强对经济结构调整的引导和调控力度，推动传统行业的转型升级和新兴行业的健康发展，通过制定相关政策措施来鼓励创新、促进技术进步并优化产业结构布局，从而为大学生创造更多的就业机会和发展空间。其次，高校应积极优化专业设置和课程体系以适应市场需求的变化，通过与企业合作开展实践教学、建立实训基地等方式来提升学生的实践能力和创新精神。同时加强创新创业教育，培养学生的创业意识和创业能力，鼓励他们自主创业并为社会创造更多的就业机会。再次，社会应营造良好的就业氛围和公平的竞争环境为大学生提供更多就业机会和成长空间。企业应加强人才培训和职业规划指导帮助大学生提升自身能力和素质并实现职业发展目标。同时社会各界也应关注大学生就业问题，积极参与推动相关政策的制定和实施。最后，大学生自身也应积极转变就业观念，提升自我能力和素质以适应不断变化的就业市场。通过不断学习新知识、新技能来提升自身的竞争力并拓展职业发展道路。只有政府、高校、社会和大学生自身共同努力才能有效缓解市场供需矛盾，推动大学生就业形势的持续改善并实现更加充分和更高质量的就业目标。

（三）高校专业设置与市场需求脱节

从教育体制内部来看，部分高校专业设置与市场需求脱节的问题不容忽视，它已成为影响大学生就业的关键因素。一些高校在专业设置上的滞后性和缺乏创新性，使得毕业生在求职时面临"学非所用"的困境。

具体来说，某些高校过于坚持传统的专业设置模式，这种因循守旧的做法缺乏对行业变迁和市场需求的敏感度。他们往往将大量资源投入已有的、成熟的学科中，却对新兴领域和潜在的市场需求视而不见。这不仅限制了高校学科布局的多样性和灵活性，还导致了人才输出的单一化。

在这样的背景下，高校的专业设置与市场需求之间的鸿沟逐渐显现。当毕业生怀揣着在学校学到的知识和技能踏入社会时，他们可能会惊愕地发现，自己所学并非市场所需，甚至在某些情况下，他们的专业知识已经过时或被新兴技术所取代。这种"专业不对口"的现象不仅让毕业生在求职过程中屡屡碰壁，还可能导致他们被迫从事与所学专业毫不相关的工作，这无疑是对他们多年学习成果的一种否定。

此外，专业设置与市场需求的不匹配还可能引发一系列社会问题。比如，可能导致某些行业的人才过剩，而另一些行业则人才匮乏。这种人力资源的错配不仅会降低整个社会的经济效率，还可能加剧社会不公和阶层固化。

因此，高校在专业设置上必须具备前瞻性和创新性，需要时刻关注行业动态和市场需求，及时调整学科布局。同时，高校还应加强与企业和社会的联系，以便更准确地把握市场对人才的实际需求。通过这些努力，培养出更多符合市场需求的高素质人才，从而有效缓解大学生的就业压力，并推动社会的繁荣与进步。

在这个过程中，高校的创新精神和开放态度至关重要。只有敢于打破常规，勇于尝试新的教育模式和专业设置，高校才能真正培养出适应未来社会需要的人才。同时，政府、企业和社会的支持也是必不可少的。只有通过全社会的共同努力，我们才能逐步缩小高校人才培养与市场需求之间的鸿沟，为大学生创造更加广阔的就业空间和更多的发展机会。

（四）专业设置存在盲目跟风

当前，部分高校在专业设置上存在的盲目跟风现象，已成为影响大学生就业的症结所在。这些高校为了迎合热门专业的短期高就业率和所带来的声誉效应，往往不顾自身实际情况，盲目开设一些所谓的流行专业。

这种做法的背后，缺乏对市场的深入理解和长远的教育规划。高校似乎更看重热门专业所带来的短期回报，而忽视了教育本身的长远意义。这不仅导致教育资源的分配失衡，也使得热门专业领域的教育资源变得高度集中，而其他非热门或新兴专业则可能因此而受到冷落。

这种跟风式专业设置带来了多方面的负面影响。首先，它使得高校的学科布局变得单一，无法形成多元化和互补性的学科生态。当某一热门专业的市场需求趋于饱和或发生变化时，高校可能面临巨大的调整压力。其次，热门专业的过度开设也容易导致毕业生的就业竞争加剧。由于大量学生涌入这些专业，使得毕业生在求职时需要面对更加激烈的竞争环境。同时，这种盲目的专业设置也可能导致毕业生的能力与市场需求之间存在偏差，使得他们在就业市场上处于不利地位。

此外，高校这种短视的专业设置行为还损害了教育的整体质量和效果。部分高校在追求热门专业高就业率的同时，却在教学质量、师资力量、实践教学等方面存在明显的短板。这不仅影响了学生的全面发展，也使得他们在未来的职业道路上可能面临更多的挑战。

为了解决这一问题，高校需要从根本上改变自身对专业设置的认知和态度。首先，高校应建立科学的决策机制，对市场需求进行深入的调研和分析，以确保专业设置的合理性和前瞻性。其次，高校需要强化自身的办学特色和核心竞争力，避免盲目跟风和同质化竞争。通过优化学科布局、加强实践教学、提升师资力量等措施，形成独具特色的教育体系，从而更好地满足市场的需求。

同时，政府和社会也应积极参与到高校的专业设置和人才培养中来。政府可以通过政策引导和财政支持，鼓励高校开设符合市场需求和产业发展方向的专业。社会各界也可以与高校建立紧密的合作关系，共同推动人才培养和科技创新。

高校的专业设置是一项重要而复杂的任务，需要高校、政府和社会各方的参与和努力。只有通过科学的决策、合理的规划和有效的合作，才能打破盲目跟风的困局，推动高等教育的持续健康发展，为大学生创造更加广阔的就业空间和更多的发展机会。

总之，要有效缓解大学生的就业压力并推动社会的整体发展，高校必须积极调整和优化专业设置，确保其与市场需求紧密结合。同时，政府、社会以及大学生自身也应共同努力，为改善大学生就业形势创造更加有利的条件。

二、就业特点与趋势

在新时代背景下，大学生的就业观念与行为模式正在发生深刻变革，呈现出鲜明的时代性、多元性和创新性特点。这些变化不仅反映了大学生对个人发展和职业成长的更高追求，也体现了社会经济发展对人才需求的新趋势。

（一）就业选择的理性化与务实化

首先，就业选择的理性化与务实化在大学生对职业的认知上展现得淋漓尽致。这一转变并非偶然，而是与社会发展、教育水平提高以及信息传播技术的革新紧密相连。根据最新的社会学和心理学研究成果，当代大学生在职业认知上呈现出几个显著特点，这些特点共同构成了他们理性化与务实化的就业选择基础。一是信息获取的多元化与深入化。在数字化时代，大学生不再局限于传统的职业信息来源，如校园宣讲会或亲朋好友的介绍。相反，他们积极利用互联网、社交媒体、专业论坛等渠道，广泛收集并筛选职业信息。这种多元化的信息获取方式不仅拓宽了他们的视野，也使他们能够对不同职业的行业特点、发展趋势、工作内容、薪酬待遇等方面进行深入研究。二是职业评估的全面性与客观性。在收集到足够的信息后，大学生会运用所学的知识和分析方法，对各个职业领域进行全面而客观的评估。他们不仅关注眼前的薪酬待遇，更看重职业的长远发展前景、个人价值的实现以及工作与生活的平衡。这种全面性的评估有助于他们更准确地把握市场需求，避免盲目跟风或冲动选择。三是决策过程的理性化与科学化。基于深入的职业认知和全面的评估结果，大学生在就业选择上表现出更高的理性和科学性。他们不再仅仅依靠直觉或感情用事，而是结合个人的兴趣、能力、价值观以及市场需求等因素，做出更加明智和务实的决策。这种理性化的决策过程不仅提高了他们的就业满意度，也为他们的职业生涯发展奠定了坚实基础。

其次，从数据层面深入剖析，大学生在就业选择上所展现的务实化倾向愈发显著。根据最新的就业调查报告显示，当代大学生的职业选择更加趋于理性和实际，他们更倾向于选择那些与自己专业紧密相关或能激发个人兴趣的工作岗位。这种转变并非偶然，而是教育水平提升、社会信息透明度增强以及就业市场竞争加剧等多重因素共同作用的结果。值得注意的是，大学生在进行职业选择时，越来越重视个人技能、兴趣与职业发展的契合度。他们不再仅仅受制于传统的社会期望或单一的经济考量，如追求高薪或社会地位等。相反，他们更加注重长远规划和个人价值的实现，倾向于选择那些能够发挥自身优势、提升专业技能、符合个人兴趣爱好的职业领域。这种务实化的就业选择不仅有助于大学生在职业生涯中更快地适应工作环境，减少职业错位带来的资源浪费和心理压力，还能显著提升他们的工作满意度和成就感。从长远来看，这种趋势对于优化人力资源配置、推动社会经济发展以及提升整体就业质量都具有积极的促进作用。因此，高校和教育机构在就业指导方面也应与时俱进，加强对大学生职业生涯规划的辅导，帮助他们更好地认识自我、探索兴趣、规划未来。同时，社会各界也应为大学生创造更加公平、开放、多元的就业环境，使他们的职业选择更加理性和务实。

最后，当代大学生在就业选择上所展现的主动性和竞争意识，已成为他们适应快速变化的市场环境的重要特质。最新的研究成果表明，这一代大学生不再满足于被动地等待就业机会的降临，而是选择主动出击，积极参与各类招聘活动、实习项目以及职业培训课程。这种转变不仅体现了他们对自身职业发展的高度重视，也揭示了他们在面对激烈竞争时所采取的积极应对策略。通过主动参与各种实践活动，大学生们能够更有效地提升自身的职业素养和综合能力，从而在就业市场上获得更大的竞争优势。实习项目的参与，使他们有机会将理论知识应用于实际工作中，加深对职业领域的了解；职业培训课程的学习，则有助于他们系统地提升专业技能和拓宽知识面。这些经历不仅丰富了他们的简历，更为他们日后的职业发展奠定了坚实的基础。同时，这种主动性和竞争意识的培养也在无形中塑造了大学生的职业态度和价值观。他们更加注重个人能力的提升和持续学习，愿意为实现职业目标付出更多的努力和时间。这种积极向上的态度不仅使他们在就业市场上更受欢迎，也为他们赢得了更多理想的职业发展机会。可见，当代大学生在就业选择上所展现的主动性和竞争意识是他们适应市场环境、提升职业素养和实现职业目标的重要保障。这种趋势对于推动大学生就业市场的健康发展和社会经济的持续进步具有积极的意义。

综上，当代大学生在就业选择上的理性化与务实化趋势是明显的。这种变化不仅体现了大学生对自我认知的加深和对职业规划的重视，也使得他们在就业市场上更具竞争力和主动性。同时，这种趋势也有助于促进整个社会的就业稳定和人才优化配置。

（二）新兴产业成为就业新热点

随着科技革新的步伐不断加快，新兴产业如互联网、新能源、生物科技等在全球范围内异军突起，为大学生就业市场注入了新的活力。这些领域不仅为大学生提供了海量的就业机会，更为大学生开辟了一片广阔的职业天地。

在互联网技术深入发展与应用普及的背景下，与之相关联的岗位需求呈现爆发式增长。软件开发、数据分析以及网络安全等领域成为大学生就业的热门选择。软件开发作为互联网技术的核心，要求开发人员具备创新能力和优化代码的技能，以驱动应用程序的高效运行。数据分析则是信息技术和商业智能的交叉融合，要求分析人员具备深厚的数据科学基础和业务能力，能从海量数据中提炼出有价值的信息。而网络安全领域亟须精通安全技术和防御策略的专业人才，以应对数字世界的快速扩张和网络攻击的频繁出现。

新能源领域的兴起为全球能源结构转型提供了新方向，太阳能、风能等清洁能源的开发与利用已成为推动可持续发展的关键力量。随着技术的不断成熟和成本的有效降低，新能源的商业化前景日益明朗，为大学生提供了广泛的就业机会。他们可以在新能源企业、科研机构或政府部门发挥专业技能和创新能力，为绿色经济的蓬勃发展贡献自己的力量。

生物科技作为 21 世纪最具潜力的产业之一，在医药研发、农业生产、环境保护等多个领域展现出巨大的应用价值，吸引了众多有志于投身科研的大学生。他们通过系统学习生物科学知识、掌握实验技能、参与科研项目等方式，不断提升自己的专业素养和实践能力，以期在未来的生物科技革命中发挥关键作用。

这些新兴产业为当代大学生构建了一个展现自我与实现创新的广阔舞台。大学生能够充分发挥其在校期间积累的专业技能和知识，参与到前沿科技项目的研究与开发中，实现个人技能和知识的有效转化与价值最大化。在这些新兴产业中，大学生扮演着创新者、研究者甚至是领导者的角色，有机会接触到最新的技术、理念和资源。通过不断学习、实践和创新，他们推动行业的发展和社会的进步，实现个人价值的最大化。

同时，新兴产业的蓬勃发展也促进了相关行业的繁荣与发展，为大学生提供了更为丰富和多元的职业发展路径。他们可以在不同的行业、领域和岗位之间自由流动，寻找最适合自己的发展机会和晋升空间。这种灵活性和多样性不仅有助于大学生应对就业市场的不确定性，也为他们的职业生涯增添了更多的可能性。

因此，越来越多的大学生将目光投向这些新兴产业，以期在这里找到属于自己的职业舞台。他们的加入为这些产业注入了新的血液和活力，推动了整个就业市场的健康发展。可以预见的是，随着科技的不断进步和新兴产业的持续壮大，未来这些领域将成为大学生就业的主战场，为他们的职业发展提供更多机遇和挑战。

（三）创业成为新的就业趋势

在深入研究和分析当前时代背景下的大学生就业选择时，一个不容忽视的现象是：创业已逐渐成为一种新的、具有显著特征的就业趋势。在"大众创业，万众创新"的政策号召与社会氛围影响下，越来越多的大学生开始选择通过自主创业这一路径来实现个人价值，追求梦想。

这种变化并非偶然现象，其背后有着深刻且复杂的社会、经济、文化和心理等方面的原因。从社会层面来看，创业的兴起可以视为市场经济发展、就业压力增大以及社会结构变迁等多重因素共同作用的产物。在市场经济不断深化的背景下，创业成为推动经济发展、缓解就业压力的重要途径之一。同时，随着社会结构的变迁，大学生的就业观念也逐渐从传统的"求稳"转向"求变"，创业成为他们实现自我价值和社会价值的重要方式。从经济角度来看，创业为大学生提供了一种全新的收入增长途径。在传统的就业模式下，大学生的收入往往受限于所在企业的薪资水平和晋升机制。而通过创业，他们有机会获得更高的收益，实现个人财富的快速增长。同时，创业也能为社会经济注入新的活力和创新元素，推动产业升级和经济发展方式的转变。在文化层面，现代社会对个性、创新和冒险精神的推崇也为创业热潮的兴起提供了有力支撑。随着科技的进步和社会的发展，创新成为推动社会进步的核心动力。而创业作为一种高风险、高回报的活动，正需要这种勇于冒险、敢于创新的精神。这种文化氛围的营造，使得越来越多的大学生愿意选择创业这条充满挑战的道路。从心理层面分析，大学生普遍具有较强的自我实现需求和成就感追求。在传统的就业模式下，他们可能很难在短时间内获得足够的成就感和自我满足感。而创业则提供了一个实现自我价值、证明自我能力的平台。通过创业，大学生可以充分发挥自己的才能和潜力，实现个人价值和梦想。这种心理需求的满足，也是推动大学生创业的重要因素之一。可见，大学生创业的兴起是多种因素共同作用的结果。这种变化不仅体现了大学生的创新精神和勇气，也为社会经济发展注入了新的活力和动力。同时，我们也应该看到，创业并不是适合所有人的选择。在选择是否创业时，大学生需要充分考虑自己的兴趣、能力、资源和风险承受能力等因素，作出明智的决策。

最新的研究成果为我们深入剖析大学生创业现象提供了坚实的科学依据。通过系统的数据分析和案例研究，学者们发现，尽管当代大学生创业仍面临着诸多挑战和不确定性，如市场风险、资金压力、管理经验不足等，但其总体成功率却呈现出稳步上升的趋势。

这一积极变化得益于多方面因素的共同作用。首先，随着政府对创新创业支持力度的不断加大，大学生创业环境得到了显著改善。政策扶持、税收优惠、创业补贴等措施的出台，有效降低了创业门槛和风险，激发了大学生的创业热情。其次，社会资本的积极介入也为大学生创业提供了有力支持。天使投资、风险投资等机构的涌现，为大学生创业项目提供了宝贵的资金支持和专业指导，助力他们跨越初创期的种种障碍。此外，高校创业教育体系的日臻完善也为大学生创业奠定了坚实基础。越来越多的高校开始重视创业教育，通过开设创业课程、举办创业大赛、建立创业实践基地等方式，培养学生的创新意识和创业能力。这些举措不仅提升了大学生的创业素养，更为他们日后的创业之路奠定了坚实的基础。值得注意的是，大学生自身所具备的创新意识、知识储备和团队协作能力等优势，也是他们在创业道路上取得成功的重要因素。作为新时代的青年才俊，大学生们普遍具有较强的创新意识和求知欲，能够敏锐地捕捉市场机遇并快速作出反应。同时，他们丰富的知识储备和较强的团队协作能力，也使他们在面对创业挑战时能够迅速找到解决方案并付诸实践。总之当代大学生创业成功率的提升是多方面因素共同作用的结果。随着创业环境的逐步改善和大学生自身优势的充分发挥，我们有理由相信，未来将有更多的大学生通过创业这条道路实现自己的梦想和价值。

当然，我们也必须清醒地认识到，创业并非一条适合所有人的道路。每个人的兴趣、能力、资源禀赋以及风险承受能力都存在显著的差异，这就要求个人在面对创业选择时需要深思熟虑。创业不仅要求个体具备强烈的内在动机和持续的创新精神，还需要他们有能力应对市场的不确定性、竞争的激烈性以及创业过程中可能出现的各种挑战和困难。最新的研究成果也强调了这一点，指出创业成功往往与个体的心理特质、行业经验、市场洞察力以及社会网络等多种因素紧密相关。因此，对于大学生而言，选择创业不仅仅是一种就业选择，更是一种对个人全面素质和能力的挑战和检验。然而，尽管创业道路充满挑战，但它作为一种新的就业趋势，无疑为大学生提供了更加广阔的职业发展空间和多样化的职业选择。创业不仅有助于大学生实现个人价值和梦想，还能通过他们的创新精神和创业活动，为社会经济发展注入新的活力和动力。从这个角度来看，创业不仅是个人的选择，也是社会发展的需要。因此，我们在鼓励大学生创业的同时，也应该加强对他们的创业教育和指导，帮助他们更好地认识自我、评估风险、积累经验、提升能力。只有这样，才能确保大学生创业活动的健康、有序发展，为社会经济的持续繁荣作出更大的贡献。

三、存在问题与原因分析

在大学生就业创业领域，我们确实观察到了诸多积极的变化和令人振奋的趋势，比如创新创业意识的增强、多元化就业渠道的开拓等。然而，当我们深入剖析这一领域的现状时，不难发现仍有一系列亟待解决的问题，这些问题不仅直接影响着大学生的个人职业发展，更与整个社会的经济结构和人才需求紧密相连。

（一）存在问题

1. 职业规划与目标缺失

在当前的教育和社会背景下，职业规划与目标的缺失已成为大学生群体中一个不容忽视的问题。据相关调查显示，超过半数的大学生在毕业季时仍未能为自己设定明确的职业规划和目标，这反映出许多学生在大学期间未能充分进行自我探索，对自身的兴趣、优势以及职业价值观缺乏深入的了解和认识。

　　这种职业规划和目标的缺失，对大学生求职过程产生了诸多负面影响。首先，职业规划和目标的缺失使得大学生在求职过程中缺乏明确的方向性和针对性，这一现象极易引发盲目跟风和随意选择的行为。据权威数据显示，在毕业后的一年内，约有三分之一的大学生选择了更换工作。深入探究其背后的原因，我们不难发现，很大一部分学生是因为在求职初期对自身的职业定位缺乏清晰的认识，从而选择了并不适合自己的职位。这种不匹配不仅影响了他们的工作满意度，也增加了职业发展的不确定性和风险。因此，高校和社会各界应加强对大学生的职业规划教育，帮助他们明确职业目标，提高求职的针对性和成功率。

　　其次，职业规划和目标的缺失对大学生的就业选择产生深远影响。它可能导致大学生在求职过程中盲目追求那些社会上被广泛认为是热门或高薪的职业，却忽视了这些职业是否与自身的兴趣和能力相契合。很多大学生在毕业后的首份工作中感到与自身兴趣或能力存在显著的不匹配。这种不匹配不仅使他们在工作中难以发挥自身的专业优势和才华，更可能引发深层次的职业倦怠和不满情绪。进一步的研究数据表明，职业不匹配是导致员工离职的关键因素之一，占所有离职原因的近70%。值得警惕的是，大学生由于缺乏明确的职业规划和目标设定，他们在选择工作时更容易陷入这种职业不匹配的困境。这种不匹配不仅影响了他们当前的工作满意度和效率，更可能对其长远的职业发展和人生规划产生不可逆转的负面影响。因此，重视并引导大学生进行早期职业规划，确保他们的职业选择与自身特点和期望相契合，是当务之急。

　　此外，职业规划和目标的缺失对大学生在求职过程中的竞争压力有着显著影响。在缺乏明确职业目标的情况下，他们往往无法精准地定位自己的求职方向，难以有效地展示自身的专业优势特长。这种情况使得他们在日益激烈的就业市场中处于相对不利地位，面临着更大的竞争压力和挑战。据权威调查数据显示，有明确职业目标的大学生在求职过程中的成功率要显著高于没有设定职业目标的大学生。例如，某研究机构针对大学毕业生进行的跟踪调查显示，在求职前就已经明确职业目标的学生，其求职成功率高达 70%，而缺乏明确职业目标的学生求职成功率则不足 40%。这一数据鲜明地反映出明确的职业规划与目标对于大学生顺利就业的重要性。

2. 实践经验与职业技能匮乏

在当下高度竞争且日益全球化的市场环境中，企业对大学生的实践经验和职业技能提出了前所未有的高要求。据调查显示，超过 70% 的企业在招聘时更倾向于有实习经验或参与过相关项目的应聘者，因为这些实践经验被视为连接理论知识与实际应用不可或缺的桥梁。同时，近 85% 的雇主表示，他们期望新入职的大学生能够立即适应岗位需求并具备一定的职业技能，这无疑是大学生在职场中稳固立足的基石。

然而，遗憾的是，有相当一部分大学生在校期间未能获得充分的实践锻炼机会。这种情况的产生，一方面是由于传统教学模式在很长一段时间内都过于侧重于理论知识的传授，而忽视了对学生实践操作能力的培养。这种教学模式导致了学生的理论知识与实际操作能力之间存在明显的鸿沟。据教育部门最新的统计数据显示，在某些高校中，实践教学课时在总课时中的占比竟然还不足 30%。这意味着大部分时间学生都在接受理论知识的灌输，而很少有机会亲自动手进行实践操作。这种情况显然无法满足当前市场对人才的实际需求，因为现代企业和组织更加注重应聘者的实际操作能力和解决问题能力。

另一方面，实践教学资源的匮乏以及校企合作的不紧密，是造成大学生实践经验不足的关键外部因素。根据教育部的一项调查数据显示，在全国范围内，有高达 40% 的高校表示其实践教学资源存在明显的短板，这其中包括先进实验设备的不足、实践基地的数量与质量无法满足需求等问题。更为严重的是，仅有不到 30% 的高校建立了与企业深度合作的实践教学模式，大部分学校的实践教学仍然停留在传统的、与市场需求脱节的模式上。由于缺乏与企业的紧密合作，学生们很少有机会在真实的职业环境中进行实践操作，更难以接触到前沿的技术和行业动态。这种实践教学与职业市场的脱节，使得大学生在毕业时往往面临理论与实践能力不匹配的尴尬局面。

由于缺乏实践经验，这些大学生在毕业后步入职场时，往往会面临一系列的适应难题。据相关统计数据显示，近60%的新入职大学生表示，在初入职场的前几个月内，他们感到极度不适应，需要花费大量时间来熟悉新的工作流程、掌握必要的实践技能，并深入理解职场文化。这种适应期的延长，无疑增加了企业的培训成本和时间成本，降低了企业的运营效率。更为严重的是，由于缺乏必要的职业技能，这些新入职的大学生可能难以直接胜任用人单位的岗位。据企业反馈，约有40%的新员工在入职初期无法独立完成工作任务，需要经验丰富的同事进行指导和帮助。这不仅影响了团队的整体绩效，还可能对企业的长期发展产生负面影响。

3.就业市场的不规范与信息不对称

首先，就业市场的不规范运作体现在诸多层面，其中包括一些企业的欺诈行为。具体来说，有些企业会发布虚假招聘信息，以吸引求职者投递简历；有的则夸大职位的薪资待遇或工作条件，误导求职者对职位的期望；更有甚者，在员工入职后不履行劳动合同，严重损害员工的权益。这些行为不仅扰乱了正常的就业市场秩序，还对大学生求职者构成了不小的威胁。由于大学生在求职过程中往往缺乏足够的辨别能力和社会经验，他们很容易受到这些不法企业的蒙蔽，从而遭受经济和时间上的损失。

其次，就业市场中的信息不对称问题同样不容忽视。信息不对称是指在交易过程中，交易双方所掌握的信息在数量或质量上存在差异。在就业市场上，这种信息不对称主要体现在用人单位和求职者之间。通常，用人单位对于职位的具体要求、公司的经营状况、行业的发展趋势以及薪资待遇等关键信息了如指掌，而大学生求职者对这些信息的了解则相对有限。这种信息上的不对称，使得大学生在求职过程中处于相对弱势的地位，难以作出最为明智的决策。他们可能会因为对职位或公司了解不足而盲目投递简历，或者在面试过程中因为缺乏对公司和行业的深入了解而表现欠佳。

更为复杂的是，不规范的市场运作与信息不对称之间存在着千丝万缕的联系。不规范的市场环境为企业的欺诈行为提供了温床，使得虚假招聘、夸大待遇等不正当手段层出不穷。这些行为进一步加剧了信息不对称的问题，因为求职者很难从混乱的市场中分辨出真实可靠的信息。这种恶性循环不仅增加了大学生的求职难度，还提高了他们在求职过程中的风险。

为了解决这些问题，政府、高校和社会各界需要共同努力。政府应加强对就业市场的监管力度，打击不法企业的欺诈行为，维护市场的公平竞争。高校则应在职业教育中加强对学生的信息素养和批判性思维的培养，提高他们在求职过程中的辨别能力和决策水平。同时，社会各界也应积极参与到就业市场的规范建设中来，通过提供实习机会、职业咨询等方式帮助大学生更好地了解市场和行业情况，降低信息不对称带来的风险。

（二）原因分析

1. 教育体制的不完善

当前的教育体制在培养学生职业技能和实践经验方面，其不完善之处已引起广泛关注。统计数据显示，仅有不到40%的高校课程设置有足够的实践环节，这与市场对人才实践能力的高需求形成了鲜明对比。部分高校过于强调理论知识的灌输，而对于学生的实践操作、职业素养及团队协作等能力的培养则显得相对薄弱。

这种教育体制的不完善，已经成为制约大学生顺利就业的一大瓶颈，直接导致大量毕业生在求职过程中面临前所未有的巨大挑战。根据权威机构的调查数据显示，近60%的用人单位反映，新毕业的大学生在职业技能和实践经验方面存在明显不足，需要花费相当长的时间进行岗位适应和专业技能培训。具体来说，近40%的新员工需要至少3个月的时间才能基本熟悉工作岗位，而近 20% 的员工则需要长达半年甚至更长时间。这种现状不仅极大地增加了企业的用人成本和运营压力（据估算，企业为新员工提供的入职培训费用平均占其年薪的 10% 至 15%），同时也严重影响了大学生的职业发展速度和空间。很多大学生因为缺乏实际工作经验和职业技能，在初入职场时难以快速适应工作环境，也无法充分发挥自己的潜力，从而错失了职业发展的黄金时期。更为严重的是，这种教育体制与市场需求之间的脱节还可能导致人才资源的错配和浪费。一方面，大量缺乏实践经验和职业技能的毕业生难以找到合适的工作岗位；另一方面，很多亟须高素质人才的企业和行业却无法从现有的毕业生群体中招聘到满意的人选。这种结构性矛盾不仅影响了大学生就业市场的稳定和发展，也对整个社会的经济增长和创新活力产生了不利影响。

更深层次地看，教育体制的不完善问题凸显在与市场需求的严重脱节上。据权威调查显示，超过 50% 的传统专业和课程设置在过去五年内未能针对行业发展和市场需求进行有效的调整更新。这种滞后性导致大量学生所学专业知识与实际工作岗位要求之间存在显著的鸿沟。具体来说，一些传统专业过于注重理论知识传授，而未能将最新的行业技术、工具和方法融入教学之中。例如，在信息技术领域，一些高校的计算机专业课程仍然停留在过时的编程语言和技术上，而市场上对于掌握人工智能、大数据分析等前沿技术的专业人才需求却日益增长。这种供需错位使得许多毕业生在求职时面临巨大的竞争压力。此外，部分高校在课程设置上也缺乏足够的灵活性和前瞻性。一些新兴行业和市场热点领域对于跨学科知识的需求日益旺盛，但高校往往难以及时调整课程体系，为学生提供跨专业的选修课程和实践机会。这种僵化的教育体制不仅限制了学生的个性化发展，也阻碍了创新型人才的培养。教育体制与市场需求的脱节不仅制约了学生的就业竞争力，更对整个社会的创新能力和人才结构优化产生了深远的影响。

因此，教育体制的改革和创新已迫在眉睫。高校应更加注重对学生职业技能和实践经验的培养，加强与企业和行业的合作与交流，确保教育内容与市场需求紧密相连。同时，政府和社会各界也应加大对教育改革的支持和投入，共同推动我国教育体制的不断完善和发展。

2. 社会环境的复杂多变

随着社会的快速发展和深刻变革，就业市场正经历着一场前所未有的巨变。近年来，新兴行业如雨后春笋般崭露头角，互联网、人工智能、大数据等高科技领域异军突起，成为推动经济增长的新引擎。据权威数据显示，在过去五年内，这些新兴行业提供的就业岗位增长了惊人的30%以上，为大学生提供了广阔的职业发展空间和机会。

然而，一些传统行业如制造业、能源等却陷入了前所未有的困境。受国内外复杂多变的经济环境、日新月异的技术革新以及不断调整的政策等多重因素影响，这些曾经作为经济支柱的行业出现了明显的衰退迹象。据相关统计数据显示，这些传统行业的就业岗位在过去几年内减少了近20%，许多从事这些行业的工作者不仅面临着失业的风险，还承受着巨大的职业转型压力。这种行业结构的剧变对大学生的就业选择和职业发展产生了深远的影响。一方面，新兴行业的蓬勃发展为大学生提供了更多的就业机会和多元化的职业选择。以互联网、人工智能、大数据等为代表的高科技领域异军突起，不仅创造了大量新的就业岗位，还为大学生提供了展示自己才华和实现职业梦想的广阔舞台。另一方面，传统行业的衰退也给大学生带来了巨大的不确定性和挑战。一些原本看似稳定的就业岗位逐渐消失，取而代之的是对新技术、新知识和新能力的更高要求。例如，在制造业中，随着自动化和智能化技术的广泛应用，许多传统岗位被机器所替代，要求从业者具备更高的技术水平和创新能力。在能源行业，随着清洁能源和可持续发展理念的兴起和深入人心，传统能源岗位的需求逐渐减少，而对环保、新能源等领域的知识和技能需求则不断增加。大学生在面临就业选择时，不仅需要关注新兴行业的发展趋势和市场需求，还需要不断提升自己的综合素质和适应能力，以应对传统行业衰退带来的挑战。

同时，社会竞争压力的持续加大无疑加剧了大学生的就业困难。据教育部门统计数据显示，每年新增的大学毕业生数量高达数百万之多，这一庞大的数字背后是无数渴望实现自我价值、追求职业理想的年轻面孔。然而，与这一庞大就业群体相对应的，却是就业市场相对有限的吸纳能力。受国内外经济波动、行业结构调整以及技术革新等多重因素影响，市场对新增劳动力的需求并未能与毕业生数量的增长保持同步。这种供需失衡的现象直接导致大学生在求职过程中不得不面临更为激烈的竞争。数据显示，在一些热门行业和岗位上，求职者的数量往往是招聘岗位的数倍甚至数十倍。这使得大学生在求职过程中需要付出更多的努力和时间成本，甚至出现了"一职难求"的现象。许多毕业生在求职路上历经坎坷，面临着巨大的心理压力和生活挑战。

此外，社会环境的复杂多变特征在就业市场对人才需求的迅速演变中表现得尤为明显。技术的日新月异与产业升级的迅猛步伐，共同塑造了企业对人才全新的期待。数据显示，在过去三年中，对拥有高级技能和丰富实践经验人才的需求增长率已达到25%，这显著超过了整体就业市场的增长水平。在这样的背景下，大学生在求职过程中的挑战愈发严峻。他们不仅需要掌握扎实的专业知识，以应对工作中遇到的技术难题和专业挑战，同时还需要拥有丰富的实践经验和出色的职业素养，以更快地融入职场环境并为企业创造实际价值。事实上，据最新的就业调查显示，超过65%的企业表示在招聘时更加看重候选人的实践经验和综合素质，而非单一的学术背景。可见，对于大学生而言，要想在竞争激烈的就业市场中脱颖而出，就必须在专业学习之余，积极寻求实践机会，提升自己的职业技能和综合素养。这既包括参与校内的实践活动、实习项目，也包括通过校外兼职、志愿服务等方式积累实际工作经验。只有这样，他们才能更好地适应不断变化的市场需求，为自己的职业发展奠定坚实的基础。

因此，面对复杂多变的社会环境和就业市场，大学生需要不断提升自身的综合素质和竞争力，积极适应市场需求的变化，努力寻求与自身职业发展相契合的就业机会。同时，政府、高校和社会各界也应加强合作，共同为大学生就业提供更多的支持和帮助，促进人才的合理流动和优化配置。

3. 个人素质的差异

个人素质的差异对大学生的职业选择和就业表现具有深远的影响。最新的研究成果表明，兴趣、能力和性格等个人素质不仅在塑造个体的职业倾向方面起着决定性作用，而且在很大程度上预测了他们在职场中的表现。

首先，兴趣被视为驱动职业选择的核心要素之一。它如同指南针，引导着大学生在茫茫的专业和职业海洋中寻找自己的方向。当他们对某一领域怀揣热情时，这种内在的驱动力会使他们更倾向于选择与此相关的专业和工作，从而在未来的职场中更容易获得满足感和成就感。据研究表明，从事与自己兴趣相符的工作的员工，其工作满意度和职业幸福感比那些不匹配的员工高出近40%。然而，当个人的兴趣与所学专业或所从事的工作产生错位时，其后果可能是深远的。这种不匹配不仅可能导致个体在职业生涯中感到失落和不满，还可能对其工作表现产生实质性的负面影响。据统计，兴趣与工作不匹配的员工在工作效率和创新能力方面，比那些兴趣与工作相符的员工低约30%。这种差异在长期积累下，可能进一步影响到他们的晋升机会和职业发展。

其次，能力无疑是影响职业选择和就业表现的另一核心要素。不同的工作岗位对技能和能力的要求千差万别，正如每个人的能力图谱都是独一无二的一样。据相关研究表明，大约70%的工作岗位要求特定的技能和能力组合，而仅有约30%的岗位对技能要求相对宽泛。这意味着大多数工作岗位都需要求职者具备与之匹配的专业技能和能力。对于大学生而言，他们可能在某些领域拥有与生俱来的天赋，比如逻辑思维、艺术创意或人际交往等，而在其他领域则可能显得相对薄弱。例如，一项关于大学生能力自评的调查显示，约 40% 的大学生认为自己在某一特定领域具有明显优势，而大约 30% 的大学生表示自己在某些方面存在明显的不足。可见，大学生在职业选择时，必须深入剖析自己的能力结构，明确自己的长处和短处。通过这样的自我认知，他们能够更有针对性地寻找那些能够最大化发挥自己优势的工作岗位，同时规避那些可能暴露自己劣势的领域。这种以能力为导向的职业选择策略，不仅有助于提升大学生的就业满意度，也能为他们的长期职业发展奠定坚实的基础。

此外，性格作为个人素质的核心组成部分，对个人在职场中的表现具有深远的影响。研究表明，不同性格类型的人在不同工作环境中可能表现出截然不同的工作效率和满意度。例如，外向型的人，他们热情洋溢、善于表达，往往在需要频繁与人交往的工作中如鱼得水，如销售、公关等职位；相反，内向型的人则倾向于独处和深思，他们可能在需要高度专注和独立思考的工作领域，如编程、研究分析等工作中，更能发挥自身优势。同时，众多雇主在招聘过程中，除了考察应聘者的专业知识和技能外，还十分看重其性格特质。自信、沟通能力和团队合作精神等软技能，已成为许多企业选拔人才的重要标准。据一项针对 500 家企业的调查显示，超过 80% 的雇主表示，他们更愿意雇佣那些具备良好沟通能力和团队合作精神的应聘者。可见，对于那些缺乏自信、沟通能力不足或难以融入团队的大学生来说，他们可能会面临额外的挑战。这些挑战不仅来自面试时的表现，更可能延伸到日后的工作环境中，影响他们的职业发展和晋升机会。为了提升就业竞争力，大学生在注重专业知识学习的同时，也应积极培养和完善自身的性格特质和软技能。

综上，个人素质对大学生的职业选择和就业表现具有重要影响。为了帮助大学生更好地适应职场，教育机构和职业指导者应该关注每个学生的特点，并提供个性化的职业规划和就业指导服务。同时，大学生自己也应该深入了解自己的兴趣、能力和性格，以便能够作出明智的职业选择并在职场中取得成功。

第二节 思想政治教育现状

一、实施效果评估

思想政治教育作为高校教育的核心环节，对于塑造大学生的世界观、人生观和价值观起着举足轻重的作用。当前，各高校已经充分认识到思想政治教育的重要性，并积极通过多种渠道和形式加以推进，如课堂教学、社会实践、校园文化活动等。这些举措的实施效果如何，需要进行客观、全面的评估。

（一）课堂教学

1.教学内容的实施现状

在教学内容方面，各高校紧密跟随时代步伐，积极融入最新的理论成果、社会热点话题以及国家政策动态，确保了思想政治教育内容的时代性和前瞻性。这种与时俱进的做法，不仅体现了思想政治教育的学理性，更是对学科发展规律的深刻把握。通过不断吸收新的理论成果，思想政治教育得以保持活力和生命力，始终站在时代前沿，引领学生的思想发展。

各高校在教学内容的安排上，始终秉持着理论与实践紧密结合的原则。他们深知，思想政治教育作为一门实践性极强的学科，只有将抽象的理论知识与具体的社会实践相结合，才能使学生真正领会其深层含义并内化为自身的行为准则。这种理论与实践的结合，不仅体现了思想政治教育的学理性，即通过实践去验证理论、丰富理论，更展现了其逻辑性，即理论指导实践、实践反哺理论的良性互动。为了有效实现这一教学目标，各高校纷纷通过引入典型案例、分析社会现象等多样化的教学手段，将课堂教学与社会实践紧密相连，引导学生深入社会、了解社会，通过亲身参与和观察，将所学理论知识运用于实际问题的分析和解决之中。这种以实践为导向的教学方法，不仅极大地提升了学生的理论运用能力和问题解决能力，更有助于他们在实践中深化对理论知识的理解，进而形成自己独特的思维方式和价值判断。同时，这种理论与实践相结合的教学方法还充分体现了思想政治教育的科学性。它要求教学内容必须经过科学的设计和安排，确保理论与实践之间的有机联系和相互促进。各高校在教学内容的选择上，注重科学性、系统性和逻辑性，确保所传授的知识和理论是经过科学验证和逻辑推演的。这种科学性的追求，不仅保证了思想政治教育的严谨性和权威性，更使学生在学习过程中能够形成清晰的思维框架和逻辑体系。

各高校在教学内容的选择上，秉持着科学性和逻辑性的统一原则，这一原则的确立，体现了思想政治教育深厚的学理性。他们深知，教学内容是教育的核心，直接关系到学生的知识结构和思维方式的形成。因此，各高校精心筛选教学内容，确保所传授的知识和理论是经过科学验证和逻辑推演的，具有严密的逻辑性和科学性。这种科学性和逻辑性的统一，不仅体现在教学内容的选择上，更贯穿于整个教学过程的始终。在教学过程中，教师注重引导学生运用科学的思维方法去分析和解决问题，培养他们的科学精神和逻辑思维能力。同时，教师还通过严密的逻辑推理和科学的论证过程，向学生展示知识的内在逻辑联系和规律，帮助他们形成清晰的思维框架和逻辑体系。这种注重科学性和逻辑性的教学方法，不仅保证了思想政治教育的严谨性和权威性，更有助于学生在学习过程中深入理解和把握思想政治教育的内在规律和本质要求。学生通过系统的学习，能够形成科学的世界观和方法论，并提升思想政治素养和综合素质。同时，这种教学方法还能够培养学生的批判性思维和创新能力，为他们的未来发展奠定坚实的基础。

此外，各高校在思想政治教育工作中，尤为注重教学内容的针对性和实效性，这体现了深刻的教育理念和科学的教学方法。他们深知，不同年级、不同专业的学生具有各自独特的认知特点、学习需求和发展规律。因此，各高校根据这些差异性因素，精心制订富有针对性的教学计划和方案，旨在确保教学内容既能够紧密贴合学生的实际情况，又能够紧密跟随社会现实的发展步伐。在教学计划的制定过程中，各高校综合运用教育学、心理学、社会学等多学科的理论知识和方法，深入分析学生的学习需求和兴趣点，科学把握学生的认知发展阶段和特点。同时，它们紧密结合国家政策和社会发展趋势，将最新的理论和实践成果融入教学内容中，使之既具有深厚的学理性，又具有强烈的现实性和时代感。为了确保教学的实效性，各高校还建立了完善的教学评估和反馈机制。它们通过定期的教学检查、学生评教、问卷调查等方式，全面、客观地收集和分析教学效果和学生学习情况的信息。基于这些信息，他们及时调整教学内容和方法，针对教学中存在的问题和不足，制订具体的改进措施和优化策略。这种以评促教、以教促学的方式，不仅有效提升了教学的质量和水平，更使思想政治教育始终保持在动态的发展和进步之中。

2. 教学方法的选取现状

在教学方法上，各高校已经摒弃了传统的灌输式教学模式，这种转变不仅体现了教育理念的更新，更深刻地反映了对学生主体地位的尊重以及对教育本质更深入的理解。传统的教学模式往往将学生置于被动接受知识的地位，忽视了他们作为学习主体的能动性和创造性。而现代教学理念则强调学生的主体地位，倡导以学生为中心的教学模式，这种转变不仅符合教育发展的潮流，也更有利于培养学生的综合素质和能力。

当前，高校广泛采用案例分析、小组讨论、互动问答等灵活多样的教学方式。案例分析教学法便是其中的佼佼者，通过精心挑选和设计具体案例，将学生置身于真实或模拟的情境中，要求他们运用所学知识对案例进行深入剖析，从而找到问题的症结所在，并提出切实可行的解决方案。在这一过程中，学生不仅能够深化对理论知识的理解，更能将理论与实践紧密结合，形成自己独特的思维模式。这种教学方法强调学生的主体性和参与性，鼓励他们在实际操作中发现问题、分析问题、解决问题，从而培养他们的批判性思维、创新思维以及问题解决能力。此外，案例分析教学法还有助于学生建立对知识的直观感知。通过接触和分析真实案例，学生能够更加直观地理解抽象的理论知识，将其转化为具体、生动的实践经验。这种直观感知不仅增强了学生的学习兴趣，也提高了他们的学习效率和参与度。

小组讨论法作为一种富有成效的合作学习策略，在现代教育体系中扮演着举足轻重的角色。从学理角度来看，小组讨论法根植于建构主义和社会互动理论，这些理论强调知识是通过社会交往和共同建构而形成的。因此，小组讨论不仅是一个简单的知识传递过程，更是一个知识创造和深化的过程。在逻辑层面，小组讨论法通过鼓励学生之间的交流与合作，有效地促进了信息的多元流动。每位参与者都带着自己独特的知识背景和观点进入讨论，通过集思广益和共同探讨，小组能够汇聚多样化的智慧，共同解决问题或探索新知。这种集体智慧的汇聚不仅提升了学习效率，也锻炼了学生的逻辑思维能力，使他们在讨论中学会辩证地看问题，形成更加全面和深入的理解。科学性方面，小组讨论法在实践中已被证明能够显著提升学生的多项能力。首先，它为学生提供了一个相对安全的环境来表达自己的观点和见解，这对于培养学生的自信心和口头表达能力至关重要。其次，通过倾听他人的不同意见，学生能够学会尊重和包容多样性，进而拓宽自己的视野和认知结构。最后，小组讨论中的批判性思维和观点碰撞有助于激发学生的创新思维和问题解决能力，为他们未来的学术和职业生涯奠定坚实的基础。

互动问答环节在教学过程中的作用举足轻重，它不仅是加强师生互动、提升教学效果的重要手段，更是培养学生思维能力、表达能力以及批判性思维的关键环节。从学理性和逻辑性的角度来看，互动问答环节有助于教师构建科学的教学反馈机制。通过即时的问题与回答，教师能够动态地捕捉学生的学习状态，精准地诊断他们在知识理解、应用层面上的盲点和误区。这种即时的反馈机制，使得教师能够迅速调整教学方案，以更加符合学生实际需求的方式来推进教学进程。对于学生而言，互动问答环节提供了一个宝贵的实践平台，让他们能够运用所学知识解决实际问题，并在这一过程中锻炼自己的逻辑思维和语言表达能力。通过提问，学生能够主动探索知识边界，激发自己的求知欲和探索欲；而通过回答，他们则能够学会如何整理思路、组织语言，以清晰、有条理的方式阐述自己的观点。此外，互动问答环节还有助于培养学生的质疑精神和批判性思维。在传统的教学模式中，学生往往习惯于被动接受知识，而互动问答则鼓励他们敢于质疑、勇于挑战。通过提出问题和参与讨论，学生能够学会从不同角度审视问题，形成自己的独立见解，这对于培养他们的创新思维和批判性思维至关重要。

这些教学方法的综合运用，有效激发了学生的学习兴趣和课堂参与度，营造了积极活跃的课堂氛围。在这种互动式的学习环境中，学生能够更加积极地思考问题、发表自己的观点和见解，从而培养他们的批判性思维、创新思维以及沟通协作能力。同时，这种教学方式也有助于培养学生的自主学习能力和终身学习习惯，为他们的未来发展奠定坚实的基础。

3. 教师队伍的整体现状

教师队伍的整体素质，无疑是决定课堂教学效果与学生学习成果的关键因素之一。在高等教育的广阔天地里，教师不仅扮演着传授知识、解答疑惑的角色，更是学生思维能力、价值观念和社会责任感的重要塑造者。为了不断提升这支队伍的专业素养和教学能力，各高校在师资队伍建设上投入了前所未有的精力与资源。

通过系统而多元化的策略实施，各高校已成功塑造了一支高素质、专业化的教师队伍。这一成果的实现，首先得益于优秀人才的引进机制，它不仅拓宽了教师的来源渠道，更为教育领域注入了新鲜血液和创新活力。同时，各高校还注重在职教师的专业与技能培训，通过定期举办研讨会、工作坊等形式，确保教师的学科知识和教育技能能够与时俱进，满足不断发展的教育需求。此外，建立完善的教师评价体系和激励机制也是提升教师队伍素质的重要举措。科学的评价体系能够客观、全面地反映教师的教学水平和学术贡献，而合理的激励机制则能够激发教师的内在动力，促使他们更加积极地投身于教学和科研工作。值得一提的是，各高校还鼓励教师积极参与学术研究与实践活动。这种参与不仅有助于提升教师的学术素养和研究能力，更能将最新的学术成果和实践经验引入课堂教学，从而培养学生的独立思考能力、创新精神和社会责任感。在这种教学环境中，学生不仅能够掌握扎实的学科知识，更能够形成全面而均衡的能力结构，为未来的学术研究和职业发展奠定坚实的基础。

他们在课堂上所展现的，远超出单纯的专业知识传授。他们深知教育的终极目标是促进学生的全面发展，因此，在严谨地教授学科知识的同时，更注重引导学生关注广阔的社会热点话题。这些话题涵盖了人类的前途命运、社会的变迁趋势以及时代的挑战与机遇，旨在激发学生的社会责任感和历史使命感。通过引导学生深入思考这些问题，他们不仅培养了学生的批判性思维和问题解决能力，还让学生意识到自身作为社会成员的重要角色和责任。这些教师以自身的学术魅力和人格魅力，为学生树立了榜样。他们学识渊博、见解独到，能够用深入浅出的方式讲解复杂的理论问题；他们品德高尚、行为世范，以身作则地践行着社会主义核心价值观。这样的教师，使得思想政治教育不再是枯燥无味的说教，而是变得生动有趣、引人入胜。他们的教学内容不仅贴近学生的实际生活，更紧密地联系着社会的发展脉搏，让学生能够从中感受到知识的力量和思想的魅力。他们不仅赢得了学生的尊重与喜爱，更在潜移默化中影响着学生的世界观、人生观和价值观。学生在这样的教育环境中成长，不仅掌握了扎实的专业知识，还培养了广泛的社会视野和深厚的人文素养。这样的学生，日后无论走向哪个领域，都将成为社会的栋梁之材，为国家的繁荣富强和人类的进步事业贡献自己的力量。

这些教师不仅在教学工作中倾注了极大的热情和努力，更在教学方法和手段上进行了积极的探索和创新。他们深知现代教育技术的发展为教学提供了更多的可能性，因此，他们灵活运用多媒体技术、网络教学资源等，为学生打造了一个多元化、立体化的学习环境。这种环境不仅满足了不同学生的学习需求和特点，更有效地提升了学生的学习兴趣和主动性。在教学方法的运用上，这些教师同样表现出极高的专业素养和创新精神。他们注重启发式教学，通过引导学生主动思考、发现问题、解决问题，培养了学生的自主学习能力和创新精神。案例教学法的运用，使学生能够在具体情境中学习和运用知识，提高了他们的实践能力和问题解决能力。而团队合作学习的推广，不仅培养了学生的团队协作精神，更让他们在相互学习、相互启发中实现了知识的共享和提升。这些教学方法和手段的创新与运用，都是基于教育学、心理学等科学理论的指导，确保了教学的科学性和有效性。通过这些努力，课堂教学的效果和质量得到了显著提升，学生的知识掌握更加扎实，能力发展更加全面。同时，学生的满意度和获得感也大大增强，他们对教师的认可和尊重也成为教师继续探索和创新的最大动力。这种良性的教学互动和循环，无疑为提升整体教育质量奠定了坚实的基础。

可以说，高素质、专业化的教师队伍是提升高校教育教学质量的重要保障。未来，各高校还需继续加大在师资队伍建设上的投入和支持力度，为教师提供更多学习、研究和发展的机会与平台，以不断推动教师队伍整体素质的提升和高等教育的持续发展。

（二）社会实践

1. 社会实践：思想政治教育的重要一环

社会实践在思想政治教育中占据着举足轻重的地位，它不仅是理论与实践相结合的桥梁，更是提升学生综合素质、培养其社会责任感的重要途径。如今，越来越多的高校已经深刻认识到实践育人的独特价值和深远意义，纷纷将社会实践纳入思想政治教育体系中。

社会实践不仅让学生有机会走出象牙塔，亲身体验社会的复杂性和多样性，更让他们在实际操作中深化对课堂所学知识的理解。通过参与社会实践活动，学生们可以更加直观地了解国情、社情，增强对社会的认知和对人民生活的感悟。这种身临其境的学习方式，远比单纯的书本教育更加生动和深刻。

为了充分发挥社会实践在思想政治教育中的作用，各高校积极策划和组织了丰富多彩的社会实践活动，旨在引导学生在实践中增长才干、锤炼品格。这些活动不仅形式多样，内容也紧贴时代脉搏。无论是社会调研、志愿服务，还是科技创新、创业实践，每一次社会实践活动都为学生们提供了宝贵的成长机会。

值得一提的是，社会实践不仅锻炼了学生的实际操作能力，还培养了他们的团队协作精神和服务社会的意识。在与团队成员的共同努力下，学生们学会了如何与人沟通、如何解决实际问题，更加深了对社会责任的理解。这些经历不仅对他们的个人成长具有重要意义，也为他们未来的职业生涯奠定了坚实的基础。

2.社会实践：精心设计，为学生提供广阔的实践平台

各高校深知实践教学的重要性，因此积极筹划并开展了形式多样的实践活动，为学生们打造了一个广阔的实践平台。这些活动包括志愿服务、社会调研、实习实训等，每一种都旨在让学生从不同的角度深入社会、理解社会。

志愿服务活动让学生们有机会亲身参与到社区服务、环保活动等公益事业中，体验为社会贡献的快乐与满足，从而培养他们的社会责任感和公民意识。社会调研则让学生们走出象牙塔，真实触摸社会的脉搏，通过收集和分析数据，深化对社会问题和现象的理解。而实习实训更是让学生们将所学理论知识与实际工作相结合的最佳机会，让他们在真实的职场环境中锻炼专业技能，提升解决实际问题的能力。

这些精心设计的实践活动，不仅为学生们提供了丰富多样的社会实践机会，更重要的是，通过这些活动，学生们能够亲身感受到社会的复杂性

和多样性，领略到书本以外的广阔天地。在与社会各阶层的互动中，他们的视野得到了拓宽，思维变得更加开放和多元。同时，这些实践活动也在无形中培育了他们的社会责任感和使命感，使他们更加明确自己作为社会成员的角色和职责。

总的来说，高校通过提供广阔的实践平台，不仅让学生们的知识和技能得到了提升，更重要的是，他们的心灵也得到了洗礼和成长。这些宝贵的实践经验，将成为他们未来人生道路上的重要财富。

3. 社会实践：连接知识与行动的桥梁

社会实践不仅是一个将课堂所学的思想政治教育理论转化为实际行动的平台，更是一个促进学生全面发展和能力提升的重要机会。通过社会实践，学生有机会走出课堂，深入社会，亲身感受和体验社会的真实运作。

在这个过程中，学生不仅能够将所学的理论知识应用于实际情境中，更能通过实践中的反思与总结，不断修正和完善自己的知识体系。这种知行合一的学习方式，不仅让学生更加深刻地理解思想政治教育的内涵和要求，更培养了他们的实践能力和创新精神。

此外，社会实践还为学生提供了一个与不同背景、不同观点的人交流的平台。通过与来自各行各业的人士接触和交流，使学生能够拓宽视野，增强社会适应能力，同时也为他们未来职业生涯的发展打下坚实的基础。

总的来说，社会实践不仅是连接知识与行动的桥梁，更是学生全面发展的重要途径。通过社会实践，学生能够将所学的思想政治教育理论真正内化为自己的智慧与力量，并在实践中不断成长和进步。这种学习方式不仅有助于提升学生的综合素质，更能为他们未来的发展铺平道路。

4. 实践与反思：不断完善知识体系

社会实践对学生而言，不仅是一个将所学知识应用于实际情境的机会，更是一个深化理解、反思和提升的宝贵平台。在这一过程中，学生会遇到形形色色的挑战和难题，但正是这些真实的困境，推动他们不得不进行深入的自我反思，从而实现了知识体系的持续完善和优化。

在实践中，学生会逐渐意识到理论知识与实践操作之间的鸿沟，这种认识会驱使他们重新审视和理解所学内容。他们开始学会从实践中汲取经验教训，每一次遇到的困难或失败，都会成为他们知识体系中的一个新的注脚，帮助他们更为深刻地理解知识的内涵和应用边界。

此外，社会实践还锤炼了学生的应变能力。面对不断变化的实际情况，学生需要灵活地调整自己的行动策略，这种灵活性不仅提升了他们的思维能力，也为他们未来能够游刃有余地面对更为复杂多变的问题奠定了基础。

可以说，社会实践是一个动态的、持续的学习过程，它让学生在反思中不断进步，在挑战中不断成长，最终实现知识体系的丰富与完善。

5.社会实践的科学性：遵循教育规律，提升学生各项社会技能

社会实践的科学性不仅体现在对教育和学生成长规律的严格遵循，更彰显在其如何有效地将学生所学的理论知识与实际情境紧密结合，从而锻炼和提升学生的各项社会技能。因为单纯的理论学习虽能构建知识框架，但唯有通过实践，学生才能真正掌握和运用这些知识。

社会实践为学生提供了一个真实的、多元互动的学习环境。在这样的环境中，学生不仅能够将课堂上学到的知识付诸实践，更重要的是，他们的各项社会技能会在此过程中得到显著提升。其中，人际交往能力是学生走向社会后必不可少的一项技能。在社会实践中，学生需要与各种背景的人进行有效的沟通和协作，这无疑会极大地锻炼他们的人际交往能力。

此外，组织协调能力也是社会实践重点培养的技能之一。在实践活动中，学生往往需要扮演组织者或协调者的角色，负责规划、安排和协调各种资源和人力，以确保活动的顺利进行。这样的经历不仅让学生学会了如何高效地组织和协调团队，还培养了他们的责任感和全局观。

同时，社会实践还是培养学生创新能力的重要平台。在实践中，学生会遇到各种预料之外的问题和挑战，这需要他们灵活地运用所学知识，创造性地解决问题。这样的过程不仅锻炼了学生的应变能力，更激发了他们

的创新思维。

6. 社会实践：培养与深化学生的社会责任感与公民意识

社会实践活动不仅为学生提供了一个接触和理解真实社会的宝贵机会，还是一种全面的教育方式，能够深入培养学生的社会责任感和公民意识。通过实践活动，学生们可以亲身走进社会的各个角落，直观地观察到社会的多样性和复杂性，这种直观的学习体验远胜于单纯的课堂讲解。

社会责任感是指个人对自己在社会中所应承担的义务和责任有着清晰的认识，并愿意为此付出努力。社会实践活动为学生们提供了一个绝佳的平台，让他们能够亲身体验和了解到社会问题的复杂性，并从中认识到每一个个体都能为社会的进步作出贡献。在这样的体验中，学生们会不自觉地培养出一种对社会负责的态度，这种态度将伴随他们一生，影响他们的每一次选择和行动。

公民意识不仅仅局限于对自己权利和义务的简单认知，它更是一种全面的社会参与意识。通过社会实践活动，学生们可以更加深入地了解到公民在社会中的角色和责任，学会如何更好地行使自己的权利，如何更加积极地参与到公共事务中去。此外，社会实践还能让学生们更加尊重国家法律，更加关心社会公共事务，更加积极地维护社会道德和公共利益。

值得一提的是，社会实践活动还是一种极好的理论与实践相结合的教育方式。学生们在课堂上学习到的各种理论知识，都可以在实践中得到检验和应用。这种将知识与实践相结合的方式，不仅让学生们更加深入地理解和掌握所学知识，还极大地提高了他们的实际操作能力和解决问题的能力。

不仅如此，社会实践活动还有助于培养学生们的团队合作能力和领导能力。在实践中，学生们需要与他人紧密合作，共同解决问题，这无疑会锻炼他们的团队协作能力。同时，对于那些在实践中扮演领导角色的学生来说，这也是一个极好的锻炼其领导能力的机会。

总的来说，社会实践活动是一种全面而深入的教育方式，它不仅能够培养学生们的社会责任感和公民意识，还能提高他们的实际操作能力、团队合作能力和领导能力。这种教育方式无疑为学生们未来的社会参与和个人发展打下了坚实的基础。

（三）校园文化活动

1. 传承与弘扬校园文化

校园文化活动不仅仅是简单的娱乐活动或学术交流，它们更承载着学校的历史传统和特色文化。这些活动如同一部部生动的历史长卷，记录着学校的发展历程、教学理念和精神风貌，是学校文化传承的重要载体。

通过这些丰富多彩的活动，学生们有机会深入了解学校的文化底蕴和特色。他们不仅学习了学校的历史和传统，更在这些活动中亲身体验和感受到学校的文化气息，从而增强了对学校的认同感和荣誉感。这种认同感不仅让学生们更加珍惜在校的时光，也为他们日后成为学校的优秀校友，持续为学校作出贡献奠定了基础。

同时，校园文化活动也是学校对外展示其独特文化魅力的重要窗口。通过这些活动，学校可以向外界展示其深厚的文化底蕴、教育理念和办学特色，从而提升学校的知名度和影响力。这不仅有助于吸引更多优秀的学子报考，还能促进学校与社会的交流与合作，推动学校的持续发展。

更重要的是，学生们在参与校园文化活动的过程中，不仅传承了学校的文化，还在实践中不断丰富和发展着校园文化。他们的创意和热情为校园文化注入了新的活力，使得校园文化在不断传承中焕发出新的光彩。这种文化的传承与创新，正是学校保持生机与活力的源泉。

2. 培养社会责任感

社会责任感的培养不仅关乎个体的道德成长，更对社会的和谐发展具有重要意义。学校作为一个小型社会，为学生提供了各种实践机会，让他们通过参与具有公益性质的活动来体验和实践社会责任。

首先，参与志愿者服务活动可以让学生们亲身体验到帮助他人的快乐和成就感。在志愿者服务中，学生们可以接触到社会的各个层面，了解社会的多样性和复杂性。通过为弱势群体提供帮助，他们不仅能够感受到自己的行动对社会产生的积极影响，还能深刻理解到社会责任的重要性。

其次，环保倡导等活动则让学生们意识到环境保护的紧迫性和自己的责任。通过这些活动，学生们可以了解到人类活动对环境的影响，以及自己在日常生活中如何来保护环境。这种环保意识的培养不仅有助于学生们形成良好的生活习惯，还能让他们在未来的生活和工作中持续关注并践行环保理念。

此外，参与校园文化活动还能培养学生们的团队合作和领导能力。在这些活动中，学生们需要与他人合作，共同完成任务。这不仅能提升他们的沟通协调能力，还能让他们学会如何在团队中发挥自己的作用，为团队的共同目标作出贡献。

总的来说，通过参与具有公益性质的校园文化活动，学生们不仅能够培养社会责任感，还能在实践中锻炼自己的能力，为未来的社会生活和职业发展打下坚实的基础。

3.促进多元文化交流与融合

在全球化的今天，校园文化活动已然成为学生了解多元文化、增进相互理解的关键桥梁。通过丰富多彩的校园文化活动，学生们有机会接触到来自五湖四海、拥有不同文化背景的同学，听到他们独特而富有洞见的观点，从而极大地拓宽了自己的知识视野和人生经验。

在这些文化交流活动中，学生们不仅能够欣赏到各种文化的独特魅力，而且能深入理解和尊重文化的多样性。他们学会了用开放和包容的心态去面对不同文化的差异，这种跨文化的理解和沟通能力，对于他们未来在全球化环境中工作和生活具有极其重要的意义。

此外，校园文化活动还为学生们提供了一个展示各自文化特色的舞台。他们可以通过表演、展览、讲座等多种形式，向其他同学展示自己的文化传统和特色，这不仅增强了学生的文化自信，也促进了校园内多元文化的融合与共生。

总的来说，校园文化活动在促进学生了解不同文化、增进相互理解方面发挥着不可替代的作用。通过这些活动，学生们拓宽了视野，增强了跨文化交流的能力，不仅有利于学生的全面发展，也为他们未来成为具有国际视野和跨文化沟通能力的优秀人才奠定了坚实的基础。

4.锻炼学生的组织协调能力

在校园文化活动的组织与策划中，学生们承担着核心的角色。这不仅是一个展示创意与才华的平台，更是一个锤炼组织协调能力的宝贵机会。通过组织和策划活动，学生们深入每一个细节之中，从而逐步构建起一套行之有效的协调与管理机制。

在活动的筹备阶段，学生们需要主动出击，与各方进行沟通与协调。无论是与学校相关部门的对接，还是与校外赞助商、合作伙伴的洽谈，都需要学生们展现出高超的沟通技巧与协调能力。在这一过程中，他们不仅学会了如何整合各方资源，更懂得了如何在不同利益方之间找到平衡点，确保活动的顺利进行。

活动流程的安排也是一项极为考验组织协调能力的任务。学生们需要根据活动的性质和目标受众，精心设计出既有趣味性又能达到预期效果的流程。同时，他们还需要对每一个环节进行周密的计划和时间管理，以确保活动的连贯性和高效性。

当然，任何大型活动的举办都难免会遇到突发状况。面对这些挑战，学生们需要迅速作出反应，及时调整方案，确保活动不受影响。这种应急处理的能力，同样是学生组织协调能力中不可或缺的一部分。

通过参与校园文化活动的组织和策划，学生们的组织协调能力得到了全面的锻炼和提升。他们学会了如何在复杂多变的环境中保持冷静，如何高效地调动和整合各方资源，以及如何处理各种预料之外的情况。这些宝贵的经验和能力，将成为他们追求卓越、实现自我价值的重要资本。同时，这种组织协调能力的提升，也为学生们更好地融入社会、参与团队合作打下了坚实的基础。

5. 提供心理支持与辅导的契机

校园文化活动不仅是学生展示自我、锻炼能力的平台，更是提供心理支持与辅导的重要契机。在参与活动的过程中，学生们会面临各种挑战，如团队协作的磨合、创意思维的拓展、时间管理的考验等。这些挑战虽然能够促进学生成长，但也可能带来一定的心理压力。

这时，老师、辅导员以及心理咨询中心的工作人员可以发挥关键作用。他们可以通过细心的观察和及时的沟通，发现学生在活动中可能遇到的心理困惑或压力，并给予适时的关心和引导。这种关怀不仅能够帮助学生克服眼前的困难，更能增强他们的心理韧性，使其在未来面对更多挑战时能够从容应对。

同时，校园文化活动也是一个极佳的窗口，便于教师和心理咨询人员发现学生潜在的心理问题。例如，通过观察学生在活动中的表现，可能会发现某些学生存在社交焦虑、自卑情绪或过度竞争等心态问题。一旦发现这些问题，就可以通过专业的心理辅导来帮助学生进行调整，防止问题进一步恶化。

因此，校园文化活动不仅应该被看作是学生展示才华、提升能力的舞台，更应该被视为提供心理支持与辅导的宝贵契机。通过充分利用这些活动，我们可以更好地关注学生的心理健康，为他们的全面发展保驾护航。

二、存在的问题与原因分析

在当前时代背景下，思想政治教育作为高等教育的重要组成部分，虽然取得了显著成效，但仍存在一系列亟待解决的问题。这些问题不仅影响了思想政治教育的实际效果，也制约了高等教育质量的整体提升。以下是对这些问题及其原因的深入分析：

（一）问题分析

首先，教育理念的滞后已然成为制约高等教育发展的瓶颈，这在当下知识经济高速发展的时代背景下尤为明显。随着社会的不断演进和科技的日新月异，社会对人才的需求已经从单一的知识积累转变为对多元能力、创新思维和跨学科素养的全面要求。然而，部分高校和教师却未能敏锐地捕捉到这一时代脉搏，依然沉浸于传统的、以知识灌输为主的教育模式之中。这种教育模式的滞后性表现在多个层面。其一，它忽视了学生在教育过程中的主体地位和个性化需求，将学生视为被动接受知识的对象，而非主动探索、自我建构的学习者。这种"以教师为中心"的教育理念严重压制了学生的创新精神和批判性思维，使得他们难以在知识的海洋中自由遨游、探索未知。其二，传统的教育理念还围于学科壁垒之内，缺乏跨学科的教育视野和实践。在知识高度分化又高度融合的今天，这种单一学科的教育模式无疑限制了学生的知识视野和综合能力的发展，使得他们难以适应复杂多变的现实世界。为了克服这些问题，高等教育必须与时俱进，进行深刻的理念革新。一方面，高校和教师应确立以学生为本的教育原则，关注学生的个性化需求和全面发展，从传统的知识传授者转变为学生学习和发展的促进者、引导者和合作者，尊重学生的主体地位和个性差异，激发他们的学习潜能和创新精神。另一方面，高等教育应积极推动跨学科教育的发展，打破学科壁垒，促进不同学科之间的交叉融合。通过构建跨学科的教育平台和课程体系，培养学生的综合素质和创新能力，使他们具备解决复杂问题的多元视角和方法论基础。这些转变不仅体现了教育的时代性特征，也顺应了学科发展的必然趋势。在知识经济时代的大背景下，高等教育只有不断更新教育理念、创新教育模式、拓宽教育视野，才能培养出符合社会需求的创新型人才，为社会的进步和发展提供有力的人才支撑和智力保障。这不仅是高等教育的使命所在，也是其在新时代背景下保持生机与活力的关键所在。

其次，一些高校在思想政治教育方面存在内容陈旧和方法单一的问题，这不仅影响了教育的实效性，也难以适应新时代的发展需求。在教育内容层面，部分高校过于倚重理论知识的传授，而忽略了实践体验的重要性。思想政治教育不仅仅是理论的学习，更是一种价值观、世界观的塑造和行为习惯的养成。缺乏实践体验的教育内容往往使学生难以将所学知识真正内化为自己的信仰和行动准则，从而无法在实际生活中践行所学。在教育方法上，一些高校仍然沿用传统的灌输式教学方式，缺乏创新精神和与时俱进的意识。新时代的大学生具有鲜明的个性和学习特点，他们更加注重自我探索、互动交流和实践体验。因此，传统的灌输式教学方式已经无法满足他们的学习需求和特点，甚至可能引发他们的反感和抵触情绪。为了提升思想政治教育的实效性，高校必须积极创新教育内容和方法。一方面，应注重实践体验在思想政治教育中的作用，通过设计丰富多彩的实践活动，让学生在亲身体验中感悟和理解思想政治教育的真谛。另一方面，应采用更加多元、互动的教学方式，如小组讨论、角色扮演、案例分析等，以激发学生的学习兴趣和主动性，提高他们的学习效果。这些创新举措不仅符合教育的学理性要求，也体现了时代性和学科性的特点。在新时代背景下，思想政治教育必须紧跟时代步伐，不断创新教育理念和方法，以满足大学生的学习需求和特点。同时，作为高校教育的重要组成部分，思想政治教育也应积极借鉴其他学科的理论和实践成果，不断丰富和完善自身的教育体系和方法论基础。只有这样，才能使思想政治教育真正发挥其在高校教育中的重要作用，为培养德智体美劳全面发展的社会主义建设者和接班人提供有力支撑。

此外，部分教师在专业素养和敬业精神方面的不足，也是影响思想政治教育质量和效果的重要因素。这些不足不仅体现在专业知识和教育技能的欠缺上，更体现在责任心和使命感的缺失上。思想政治教育是一门专业性很强的学科，要求教师具备扎实的专业知识和丰富的教学实践经验。然而，一些教师在专业知识储备上存在明显不足，无法深入解读思想政治教育的核心理念和价值取向，更难以将理论与实践相结合，为学生提供高质量的教育内容。同时，部分教师在教学技能上也表现出明显的欠缺，无法有效运用多种教学方法和手段激发学生的学习兴趣和主动性，导致教学过程枯燥乏味，难以入心入脑。随着社会的不断发展和进步，思想政治教育面临着更加复杂多变的挑战和机遇。新时代对教师专业素养和敬业精神提出了更高的要求，不仅要求教师具备扎实的专业知识，还需要不断学习和更新自己的知识体系，以适应时代的发展变化。然而，一些教师缺乏自我学习和提升的意识，无法及时把握新时代的脉搏，导致教育内容和方法与时代脱节。此外，新时代还要求教师具备更高的敬业精神和责任心，以饱满的热情和积极的态度投身教育事业中。然而，部分教师缺乏责任心和使命感，对待教育工作敷衍了事，这不仅影响了教育的质量和效果，而且损害了教师的形象和声誉。思想政治教育是一门涉及多个学科的综合性学科，需要教师具备跨学科的知识和视野。然而，一些教师囿于自己的专业领域，缺乏对其他相关学科的了解和关注，导致在教育过程中无法综合运用各种知识资源，为学生提供更加全面、深入的教育内容。同时，部分教师也缺乏创新意识和探索精神，无法在教育实践中尝试新的教学方法和手段，以激发学生的学习兴趣和创造力。为了提升思想政治教育的质量和效果，高校必须加强对教师专业素养和敬业精神的培养和管理。一方面，应注重对教师专业知识的培训和更新，通过定期组织学术研讨、专业培训等活动，提升教师的专业素养和教学技能；另一方面，应加强对教师责任心和使命感的培养，通过建立健全的激励机制和考核机制，激发教师的工作热情和积极性；同时，高校还应注重对教师跨学科知识水平的提升和创新意识的培养，鼓励教师在教学实践中尝试新的教学方法和手段，以推动思想政治教育的创新和发展。

（二）原因分析

首先，高等教育亟须进行一场深刻的理念变革。一方面，高等教育机构和教师应从根本上转变教育观念，确立以学生发展为核心的教育原则，充分关注学生的个性化需求和全面发展。这要求教育者从传统的知识权威角色转变为学生学习旅程中的引导者、支持者和合作者，真正尊重学生的学习主体地位和个性差异，努力激发他们的学习热情和创新潜能。另一方面，高等教育应积极推动跨学科教育的深入发展，勇于打破固有的学科壁垒，促进不同学科间的深度对话与融合。通过构建开放、包容的跨学科教育平台和课程体系，培养学生的多元视角、批判性思维以及解决复杂问题的综合能力，使他们能够在日益复杂多变的世界中游刃有余、应对自如。

这些转变不仅深刻体现了教育的时代性特征，也紧密契合了学科发展的内在逻辑和必然趋势。在知识经济蓬勃发展的新时代背景下，高等教育唯有不断更新教育理念、创新教育模式、拓宽教育视野，才能培养出既具备扎实专业知识又拥有广泛适应能力的高素质人才，为社会的进步和发展提供源源不断的智力支持和人才保障。这既是高等教育不可推卸的时代使命，也是其在新时代背景下保持持久生命力和竞争力的关键所在。

其次，当前社会环境的复杂多变对思想政治教育提出了严峻的挑战，这主要体现在全球化浪潮的推进、网络信息技术的飞速发展和广泛普及所带来的多元文化交融与碰撞，这种前所未有的文化格局，虽然为大学生提供了更广阔的知识视野和丰富的文化体验，但同时也使他们在思想观念、价值取向等方面面临前所未有的选择困惑和挑战。在这种背景下，思想政治教育必须具备更强的适应性和创新性。传统的思想政治教育模式和方法，往往难以有效应对如此复杂多变的社会环境。因此，思想政治教育工作者需要不断更新教育理念，创新教育方法，以更好地适应时代发展的需要。例如，可以借鉴其他学科的理论和方法，运用跨学科的研究视角来解析社会现象，引导学生正确认识和理解多元文化；同时，也可以利用新媒体技术，创新思想政治教育的方式和手段，提高教育的吸引力和实效性。社会环境的复杂多变不仅加剧了思想政治教育的难度，也对其科学性提出了更高的要求。大学生正处于世界观、人生观、价值观形成的关键时期，他们思想活跃、求知欲强，但同时也缺乏足够的辨别能力和批判性思维，在多元文化的冲击下，很容易受到不良思想的影响。因此，思想政治教育工作者需要更加深入地了解大学生的思想动态和需求，有针对性地开展教育工作。这要求思想政治教育工作者不仅要具备扎实的学科知识和教育技能，还需要具备敏锐的社会洞察力和分析能力。同时，思想政治教育作为一门学科，需要以科学的理论为指导，运用科学的方法为手段，以科学的态度来对待教育过程中遇到的问题。在面对复杂多变的社会环境时，思想政治教育工作者需要更加注重实证研究和数据分析，以更加科学的方式来评估教育效果、调整教育策略。例如，可以通过问卷调查、深度访谈等方式收集大学生的思想动态和需求信息，运用统计学、心理学等学科的方法进行分析和处理，为制定更加科学、有效的教育策略提供有力支持。

最后，个人认知的差异是思想政治教育中不可忽视的重要因素。每个学生都拥有独特的成长背景、生活经历以及由此形成的独特的认知方式，这种固有的差异性深刻地影响着他们的学习态度、心理反应、价值观念和行为选择。学生的个人认知差异源于其不同的社会化和个体化过程，这些过程涉及遗传、环境、教育等多个方面的交互作用。因此，每个学生在面对相同的思想政治教育内容时，可能会因为个人认知的差异而展现出不同的接受程度和反应。这种差异性不仅体现在对知识的理解和吸收上，更深刻地影响着他们的价值观念和行为选择。当今社会是一个多元化、信息化的时代，各种思想观念和文化交流交融交锋更加频繁。在这样的时代背景下，学生的个人认知差异更加凸显，对思想政治教育提出了更高的要求。教师需要关注学生的个性化需求，尊重他们的不同观点和看法，引导他们在多元的思想观念中作出正确的价值判断和行为选择。思想政治教育是一门涉及心理学、社会学、政治学等多个学科的综合性学科。学生的个人认知差异要求教师在教育过程中具备跨学科的知识和视野，能够综合运用相关学科的理论和方法来解析学生的思想观念和行为表现。同时，教师还需要不断学习和更新自己的知识体系，以适应时代的发展和学生的变化。为了应对学生个人认知差异带来的挑战，教师需要采取因材施教的教学策略。首先，教师需要深入了解每个学生的成长背景、生活经历和认知方式，准确把握他们的思想动态和学习需求；其次，教师需要制订个性化的教学方案，针对学生的不同特点和需求进行有针对性的教学；最后，教师需要关注学生的反馈和评价，及时调整和优化教学方法和手段，以确保思想政治教育的内容真正被学生所接受和内化。总之，个人认知的差异是思想政治教育中不可忽视的重要因素。教师需要从学理性、时代性和学科性的角度出发，深入理解和关注学生的个人认知差异，采取因材施教的教学策略，以实现思想政治教育的最大化和最优化。这不仅是提升教育实效性的关键所在，也是培养德智体美劳全面发展的社会主义建设者和接班人的必然要求。

三、对大学生就业创业的影响与作用

（一）树立正确的就业观念和创业意识

在高等教育的全过程中，思想政治教育扮演着举足轻重的角色，尤其是在引导大学生树立正确的就业观念和创业意识方面。一方面，思想政治教育在高等教育中承担着举足轻重的角色，其深远意义远超单纯的知识传授。它不仅是知识的传递者，更是大学生世界观、人生观和价值观的重要塑造者。通过系统的理论学习和丰富的实践活动，大学生会逐渐深入思考人生的目的和意义，明确自身的社会责任和使命，明白就业不仅仅是为了满足个人的生计需求，更重要的是实现自我价值、承担社会责任以及为社会作出积极贡献。思想政治教育中的就业指导鼓励大学生将个人的职业发展与国家的需求、社会的进步紧密相连，将个人的才华和热情投入推动社会发展的伟大事业中去。它基于对人的本质的深刻理解，认为人是有意识、有目的的存在，人的发展不仅仅是物质需求的满足，更是精神层面的提升和自我实现的过程。同时，这种观念也体现了教育的逻辑性，即教育应当引导学生从狭隘的自我中心走向广阔的社会舞台，实现个人价值与社会价值的有机统一。在面对复杂多变的就业市场时，大学生能够更加理性地分析形势、评估自身条件、作出符合自身发展和社会需要的职业选择。他们不仅关注薪资待遇、工作环境等物质条件，更看重职业发展的前景、社会的认可度和个人的成长空间等因素。

另一方面，思想政治教育在引导大学生形成正确的就业观念方面发挥着至关重要的作用。高校通过一系列精心策划的课程和活动，循序渐进地帮助大学生认清当前的就业形势和市场需求，明确自身在就业市场中的定位。这一过程不仅体现了教育的学理性，即基于对社会经济发展趋势和就业市场需求的深入研究，也展现了教育的逻辑性，即按照学生的认知发展规律，逐步引导他们形成全面、客观的自我认知。在明确自身优势和不足的基础上，思想政治教育进一步通过案例分析、实践体验等多元化教学方式，激发大学生的职业规划意识，增强自我提升动力。这些教学活动不仅让学生在实际操作中感受到职业规划的重要性，也帮助他们在实践中不断磨砺和提升自身能力，为未来的职业发展打下坚实基础。最终，思想政治教育的目标是使大学生能够根据自身条件和社会需求，制订出科学合理的职业发展规划。这一目标的制订不仅需要考虑个人的兴趣、能力和发展愿景，还需要紧密结合社会的发展趋势和行业的市场需求。这样的职业发展目标既具有可行性，又具有前瞻性，能够有效指导大学生在就业市场中作出明智的选择，实现个人价值与社会价值的和谐统一。

在激发创业激情和创新精神方面，思想政治教育展现出了其独特且不可替代的作用。它不仅仅局限于传统的知识传授，更致力于点燃大学生内心深处的创业火焰，鼓励他们勇于追求自己的创业梦想，面对困难时能够保持坚韧不拔的精神，敢于挑战常规，勇于创新实践。

为了更具体地引导和支持大学生的创业努力，思想政治教育采用了多种富有创意和实效性的方法。例如，通过邀请成功创业者走进课堂，分享他们的创业历程、经验教训和心得体会，为大学生提供了宝贵的启示和借鉴。这些真实的案例不仅激发了学生的创业热情，还为他们提供了实际操作的参考模板。此外，组织各种创业大赛也是思想政治教育激发创业精神的重要途径。这些大赛为学生提供了一个展示自我、锻炼能力的绝佳平台。通过参与比赛，学生不仅能够将自己的创意和想法付诸实践，还能在比赛过程中学习到项目策划、团队协作、市场营销等多方面的知识和技能。同时，思想政治教育还十分注重培养大学生的团队协作精神和领导能力。在创业过程中，团队协作是至关重要的。一个优秀的创业团队需要成员之间相互信任、相互支持，共同面对困难和挑战。通过组织各种团队活动和项目，思想政治教育帮助学生学会如何与他人有效沟通、如何协调不同意见、如何领导团队向共同目标前进。这些能力的培养不仅为学生的创业之路奠定了坚实的基础，也是他们未来职业生涯中不可或缺的重要技能。

在这个日新月异、信息爆炸的时代，思想政治教育作为高等教育的重要组成部分，只有不断更新教育内容和方式，才能培养出适应未来社会挑战的高素质人才。为此，在教育内容上，思想政治教育紧密关注新兴产业的发展趋势和就业市场的变化，及时将最新的知识、技能和理念融入教学之中。它引导大学生关注前沿科技、社会热点问题以及国家重大战略需求，使大学生的学习更加贴近实际、更具有针对性。这种紧密结合时代的教育内容，不仅提升了思想政治教育的时代性和前瞻性，也帮助大学生更好地把握未来职业发展的方向和机遇。在教育方式上，思想政治教育积极引入最新的教育理念和技术手段。它充分利用在线教育、虚拟现实等现代信息技术，为大学生提供更加生动、直观、互动的学习体验。这种与时俱进的教育方式，不仅激发了大学生的学习兴趣和积极性，也提高了他们的自主学习能力和创新思维。同时，通过模拟实践、项目式学习等多样化的教学方法，思想政治教育还着重培养了大学生的团队协作、沟通表达等职场必备能力。这种与时俱进的教育方式，不仅显著提升了思想政治教育的实效性和针对性，也极大地增强了大学生对未来职场的适应能力和竞争力。使他们具备了更加全面、深入的知识体系，更加灵活、创新的思维方式，以及更加扎实、实用的职业技能。这样的毕业生，无疑将成为未来社会的栋梁之材，为推动国家的繁荣和进步贡献他们的力量。

（二）增强职业素养和社会责任感

思想政治教育在高等教育体系中扮演着举足轻重的角色，尤其是在培养大学生的职业素养和社会责任感方面。通过精心设计的课程与实践活动，思想政治教育致力于锤炼学生的职业道德、职业技能，以及团队协作能力，从而为他们未来的职业生涯奠定坚实的基础。

在职业素养方面，思想政治教育的作用举足轻重。它并非仅仅局限于专业知识的传授，而是更加注重对学生职业态度和职业精神的培养。这种培养方式体现了教育的学理性，即教育不仅仅是知识的传递，更是对学生全面发展、终身发展的引导和促进。思想政治教育鼓励学生以敬业、诚信、创新的态度面对未来的工作挑战。敬业是对职业的热爱和投入，是职场成功的基石；诚信是职业道德的核心，是个人品牌的重要组成部分；创新则是职业发展的动力，是适应不断变化的工作环境的必备能力。通过强调这些职业态度和精神，思想政治教育帮助学生树立正确的职业观念，追求卓越，不断超越自我。为了使学生更好地适应职场环境，思想政治教育还采用模拟工作场景、案例分析等教学手段，提升学生的职业技能。这些教学手段的设计和运用，体现了教育的逻辑性和科学性。模拟工作场景可以让学生在一个相对安全的环境中体验真实的工作情境，锻炼他们的应变能力和解决问题的能力；案例分析则可以帮助学生从具体的实践中提炼出一般性的规律和原则，提升他们的问题分析能力和决策能力。通过这些教学手段的综合运用，思想政治教育不仅提升了学生的职业技能，使他们能够迅速适应职场环境，更在深层次上激发了他们的职业潜能，提高了他们未来在职场上的竞争力。这种全面而深入的培养模式，无疑为学生的职业发展奠定了坚实的基础，也为社会的繁荣发展注入了新的活力。

在团队协作能力的培养方面，思想政治教育发挥着至关重要的作用，是一种深层次的价值引导和品格塑造。通过倡导学生树立团队意识，思想政治教育帮助学生认识到个人与集体之间的相互依存关系，理解在集体中发挥自己的优势、弥补他人不足的重要性。为了实现这一目标，思想政治教育设计了各种团队协作项目和活动，让学生在实践中学习、在合作中成长。这些项目和活动不仅要求学生具备基本的沟通能力和协调能力，更要求他们在面对困难和挑战时能够相互支持、共同进步。通过这样的团队协作实践，学生不仅能够提升自己的沟通能力和协调能力，更能够培养出对团队目标的忠诚感和责任感。思想政治教育在团队协作能力培养上的这种做法符合社会心理学和教育学的基本原理。它认识到个人在集体中的行为和心理变化，以及集体对个人成长和发展的影响。同时，它也遵循了教育的基本规律，即教育应该通过实践来促进学生的全面发展。思想政治教育在团队协作能力培养上的做法体现了由浅入深、由易到难、循序渐进的教育原则。它先从基本的团队意识和合作技能入手，然后通过复杂的团队协作项目和活动来提升学生的沟通能力和协调能力，最后培养出学生对团队目标的忠诚感和责任感。这是一个完整而严密的教育过程。思想政治教育在团队协作能力培养上的做法经过了精心的设计和科学的验证。各种团队协作项目和活动都是根据学生的年龄特点和认知水平来设计的，既保证了教育的有效性，又保证了教育的趣味性。同时，这些项目和活动的效果也经过了科学的评估和改进，确保了教育的质量和效果。

更为重要的是，思想政治教育始终将社会责任感的培养作为其核心任务之一，并贯穿于整个教学过程。它不仅仅停留在理论知识的传授上，更注重引导学生深入社会实践，关注社会问题，从而真正理解作为公民享有的权利和所应承担的义务。在具体实践中，思想政治教育鼓励学生积极参与志愿服务、社会调研等活动。这些活动不仅为学生提供了接触社会、了解社会的机会，还能够帮助他们更加深入地认识到社会问题的复杂性和多样性。通过这样的体验，学生能够更加真切地感受到自己作为社会成员的责任和使命，从而增强社会责任感。同时，思想政治教育还注重培养学生的社会价值观。它引导学生正确看待个人利益与社会利益的关系，理解个人发展与社会进步的相互促进。通过对社会问题的深入分析和讨论，学生能够形成积极向上的社会价值观，愿意为社会的发展和进步贡献自己的力量。

（三）提高心理素质和抗压能力

在就业创业的过程中，大学生不可避免地会面临各种挑战和不确定性，如激烈的竞争、快速变化的市场环境、复杂的人际关系等。这些压力和挑战往往会对他们的心理产生一定的影响，甚至可能导致一些心理问题的出现。因此，提高心理素质和抗压能力对于大学生的就业创业至关重要。

思想政治教育在大学生成长成才的过程中，起到了不可或缺的关键作用。尤其在心理健康教育和情感支持方面，它通过系统的教学与实践，帮助大学生树立积极向上、坚韧不屈的心态，教导他们正确面对生活、学业以及未来职业生涯中的压力和挑战。具体来说，思想政治教育可以通过多元化的途径，如心理健康讲座、一对一心理咨询服务、集体心理训练活动等，深入浅出地传授给学生一系列有效的心理调适方法和实用技巧。这些方法涵盖情绪管理、压力释放、自我激励等多个层面，旨在从心理机制上帮助学生建立稳固的自我防御体系。一方面，思想政治教育在心理健康教育方面的实践，是基于心理学、教育学等多学科的理论支撑，确保所传授的知识和技巧既有科学依据，又符合教育规律。另一方面，这种教育方式遵循了"知、情、意、行"的心理发展顺序，层层递进，确保学生在认知、情感、意志和行动各个层面都能得到有效提升。这些心理方法和技巧的运用，不仅有助于学生在面对压力时能够及时调适自己的情绪，保持健康平和的心态，更重要的是，它们能够提升学生的自我认知能力和自我调控能力。当学生学会如何正确地看待自己、评价自己，以及如何在困境中自我激励、自我调整时，他们就能以更加成熟、自信的态度去迎接就业创业过程中的各种挑战。同时，思想政治教育通过心理健康教育和情感支持，不仅为学生提供了必要的心理工具和策略，更在深层次上培养了他们的心理韧性和社会适应能力。这种全面、深入的教育方式，无疑为学生的全面发展提供了坚实的心理基础，也为他们未来的职业生涯铺设了平坦的道路。

此外，思想政治教育在培养学生知识技能的同时，也高度重视塑造他们坚韧不拔的意志品质和积极向上的生活态度。这一教育目标不仅体现了学理性，即关注学生全面发展，包括心理素质的提升；也展现了逻辑性，因为健康的心理状态和积极的生活态度是学生应对未来挑战、实现个人价值的必要前提。在实践中，思想政治教育通过引导学生正确看待困难和挫折，鼓励他们以乐观的心态和坚定的信念去面对生活中的种种不如意。这种教育方式有助于学生增强心理韧性，即面对压力、逆境时能够迅速恢复并继续前进的能力。心理韧性的提升，不仅使学生在就业创业过程中能够保持冷静和理智，有效应对各种挑战和困难；还能激发他们的创造力和创新精神，因为只有在面对问题时敢于尝试、不畏失败，才有可能找到新的解决方案，实现突破和创新。同时，思想政治教育强调的积极向上的生活态度，也有助于学生形成正确的价值观和人生观。一个对生活充满热情和期待的人，更有可能在工作和生活中发现机会、抓住机遇，从而实现个人的成功和幸福。因此，这种注重心理素质和生活态度培养的教育方式，不仅符合科学的教育理念，也为学生的全面发展提供了有力的支持。

（四）培养创新思维和解决问题能力

在新时代的浪潮下，思想政治教育已不再满足于传统的知识传授模式，而是更加注重对学生创新思维与解决问题能力的培养。这一转变不仅体现了教育与时俱进的本质，也符合社会对人才培养的新要求。创新教育和创业教育作为这一转变的重要载体，正逐渐成为思想政治教育的核心组成部分。

创新教育是一种旨在激发学生创造力和想象力的教育理念，它鼓励学生勇于挑战传统观念，敢于提出新颖独特的见解。这种教育方式的核心理念在于，通过激发学生的主动性和创造性，来培养他们具备未来社会所需的能力和素质。为了实现这一目标，创新教育注重运用案例分析等教学方法。通过案例分析，学生可以接触到各种复杂的实际问题，这些问题往往没有固定的答案，需要学生从不同角度进行审视和思考。在这个过程中，学生需要运用所学知识，结合实际情况，提出创新性的解决方案。这种学习方式对学生的分析能力、综合能力和批判性思维的培养具有显著效果。学生需要在理解案例的基础上，深入剖析问题的本质和关键要素，需要他们具备较强的分析能力。同时，他们还需要从多个角度综合考虑问题，提出全面而有效的解决方案，这又需要他们具备良好的综合能力。此外，创新教育还强调培养学生的批判性思维和创新能力。在案例分析的过程中，学生不仅需要对已有观点进行批判性思考，还需要勇于提出自己的新观点和新见解。这种对传统观念的挑战和对新思想的探索，有助于激发学生的创新意识和创新精神。

与此同时，创业教育在高等教育体系中的作用日益凸显，其核心目标在于系统地培养学生的创业意识和创业能力。通过精心设计的项目实践和创业竞赛等活动，学生得以深入体验创业的全过程，从而获取宝贵的实践经验。在这一过程中，学生不仅学习如何敏锐地识别商业机会，还学会如何有效地整合资源、构建高效的管理团队以及科学应对各种创业风险。这种基于实践的学习方式具有显著的优势。它不仅能够帮助学生将抽象的理论知识转化为解决实际问题的能力，还能够有效地培养他们的团队协作精神和领导力。从学理性的角度来看，创业教育通过结合理论知识和实践操作，能使学生更全面地理解创业的本质和要求，为他们的未来创业之路奠定坚实的基础。同时，创业教育的内容和方法都经过精心设计，旨在循序渐进地提升学生的创业能力。通过参与项目实践和创业竞赛，学生能够逐步掌握创业所需的各项技能，并在实践中不断优化和完善自己的创业理念。此外，创业教育的科学性也体现在其对学生全面发展的重视上。除了培养学生的创业意识和能力外，创业教育还注重提升学生的创新思维、沟通能力和社会责任感等方面的素养。这些素养的培养不仅有助于学生的个人发展，也对社会的创新和发展具有积极的推动作用。

思想政治教育，作为高等教育的重要组成部分，始终致力于培养具有社会责任感和创新精神的新时代青年。通过有机地融入创新教育和创业教育的内容，思想政治教育不仅为学生构筑了更加宽广且富有挑战性的成长平台，更在深层次上激发了他们的创造潜能和创业热情。在这样的教育模式下，学生不再是被动的知识接受者，而是成为积极的探索者和实践者。他们不仅能够汲取到丰富的专业知识，更能够在实践中锤炼自己的创新思维和解决问题的能力。这种转变不仅体现了教育的学理性，即教育应该引导学生追求真理、探索未知；同时也彰显了教育的逻辑性，即教育应当遵循学生的认知发展规律，从知识传授到能力培养再到价值引领，形成完整的教育链条。进一步来看，这种全面而深入的培养模式为学生的创新创业之路奠定了坚实的基础。它不仅提供了必要的智力支持，使学生具备了在复杂多变的社会环境中迅速适应和应对挑战的能力；更在精神层面为学生注入了勇往直前的力量，使他们有勇气去追逐梦想、实现自我。此外，将创新教育和创业教育融入思想政治教育，也符合教育发展的科学性。它遵循了教育的基本规律，即教育应当与时俱进、不断创新，以满足社会发展和个人成长的需要。同时，这种融合也体现了教育的系统性，即教育应当是一个各部分相互关联、相互促进的有机整体。

第四章　大数据视域下大学生就业创业与思想政治教育融合路径

第一节　数据融合

在信息技术快速发展的当今时代，大数据技术已成为处理和分析海量数据的重要工具，广泛应用于各个领域。将大数据技术与思想政治教育相结合，可以为大学生就业创业提供精准化、个性化的指导与服务。

一、数据驱动的就业市场分析

在数字化和信息化的时代背景下，大数据技术已成为分析就业市场趋势、预测未来发展方向的重要工具。通过实时收集和处理海量的就业市场数据，我们能够深入洞察行业发展的脉络，精准把握岗位需求的变化，以及全面了解薪酬水平的动态调整。这种数据驱动的分析方法不仅提升了就业市场研究的准确性和时效性，更为大学生提供了宝贵的就业信息和决策支持。

（一）大数据技术深刻揭示行业发展

在数字化时代，大数据技术已经渗透到了各个行业的每一个角落，成为推动社会进步和行业发展的重要力量。通过高效的数据收集、存储、处理和分析，大数据技术能够深刻揭示不同行业的发展态势、内在规律和未来趋势。

首先，大数据技术通过对历史数据的挖掘和分析，能够清晰地展现各个行业的发展历程和变迁轨迹。随着时代的进步和科技的发展，大数据技术已经渗透到社会生活的各个层面，成为推动现代社会发展的重要力量。特别是在对各行业历史数据的挖掘和分析方面，大数据技术展现出了无与伦比的优势和潜力。通过综合运用多种高级算法和大规模数据处理技术，大数据技术能够深入挖掘各个行业长时间跨度内的海量数据，进而揭示出行业发展的内在规律和变迁轨迹。这些数据不仅涵盖了行业规模、增长速度等宏观经济指标，还包含了竞争格局、市场结构等中观层面的信息，以及技术创新、产品迭代等微观层面的细节。对这些多维度、多层次的数据进行综合分析，可以帮助我们更加全面、深入地了解行业的历史演变和当前状况。比如，通过对比不同时间点的数据，我们可以发现行业增长的速度和趋势，识别出关键的发展节点和转折点；通过分析竞争格局的变化，我们可以揭示出市场力量的消长和行业结构的调整；通过研究技术创新和产品迭代的轨迹，我们可以洞察行业技术进步的路径和未来发展的方向。此外，大数据技术还可以结合最新的研究数据和科学方法，对行业发展进行更加精准、科学的预测和模拟。通过构建复杂的数学模型和算法，我们可以模拟不同政策、市场、技术等因素对行业发展的影响，从而为政策制定、市场规划、技术创新等提供重要的决策支持。因此，大数据技术不仅可以帮助我们深入了解行业的过去和现在，更能为其未来的发展提供重要的参考依据和科学指导。随着技术的不断进步和应用领域的不断拓展，大数据在推动行业发展和社会进步方面的作用将更加凸显。

其次，大数据技术还能够对实时数据进行快速处理和分析，及时捕捉行业发展的最新动态和变化趋势。随着时代的飞速发展，大数据技术已经渗透到各行各业，成为推动社会进步的重要力量。它不仅极大地提升了数据处理的速度和效率，更使得我们能够以前所未有的方式洞察行业的最新动态和变化趋势。最新的研究数据表明，大数据技术现在能够实时地对海量数据进行收集、整合、处理和分析。这种实时性不仅意味着我们可以更快地获取信息，更重要的是，它保证了我们所获取的信息始终与市场的实际状况保持同步。在这样的背景下，企业和组织不再需要依赖过时的数据或预测模型来做出决策，而是可以基于实时数据，更加准确地把握市场的脉搏。此外，大数据技术的分析能力也为我们发现新的商机和增长点提供了强大的支持。通过对市场趋势、消费者行为、竞争格局等各方面的深入分析，大数据技术可以帮助我们洞察那些传统方法难以捕捉的商机。这些商机可能隐藏在消费者的购买习惯中，也可能蕴含在行业的发展趋势里，但无论它们藏身何处，大数据技术都有能力将它们一一揭示出来。因此，我们可以说，大数据技术的实时数据处理和分析能力，不仅提升了我们决策的效率和准确性，更为我们开拓新的市场、发掘新的增长点提供了有力的武器。在未来的竞争中，那些能够充分利用大数据技术、实时把握市场动态的企业和组织，无疑将拥有更大的竞争优势和发展空间。

最后，大数据技术可以通过复杂的算法和模型，对不同行业的发展速度、潜力和面临的挑战进行深度剖析和预测。在当下这个数字化、信息化的时代，大数据技术已经渗透到社会生活的各个层面，成为推动社会进步和发展的重要力量。作为一种强大的分析工具，大数据技术能够通过复杂的算法和模型，对各行业的发展趋势、内在潜力及所面临的挑战进行细致入微的剖析和精准可靠的预测。这种深度分析能力主要得益于大数据技术的两大核心优势：一是数据规模的庞大性，二是处理速度的高效性。大数据能够汇聚海量的、多样化的信息，包括行业动态、市场需求、消费者行为等，从而构建出全面而细致的行业画像。同时，借助先进的算法和强大的计算能力，大数据能够在短时间内对这些信息进行有效的挖掘和分析，揭示出隐藏在数据背后的深层次规律和趋势。对于政府和企业而言，大数据的预测功能具有极高的战略价值。通过准确把握行业的发展动态和未来走向，政府可以制定出更加科学、合理的发展规划和政策，引导产业健康有序地发展。企业则可以依据大数据的预测结果，调整经营策略，优化产品布局，抢占市场先机，实现可持续发展。此外，大数据技术也为大学生等求职者提供了宝贵的职业规划和就业指导。通过大数据分析，求职者可以了解不同行业的就业前景、薪资水平、技能要求等信息，从而做出更加明智的职业选择。同时，他们还可以根据大数据揭示的行业趋势和市场需求，有针对性地提升自己的知识和技能，增强就业竞争力。

最新的研究数据表明，大数据技术在某些领域的应用已经取得了显著的成果，产生了深远而显著的影响。从商业角度来看，大数据技术为企业提供了深度的市场洞察，通过对海量数据的分析，企业可以更精准地掌握市场动态，预测消费趋势，进而优化产品策略、调整市场布局。这种基于数据的决策方式不仅提升了企业的运营效率，也在很大程度上增强了企业的市场竞争力。在医疗健康领域，大数据技术同样展现出巨大的潜力。通过分析患者的医疗记录、生活习惯等数据，医疗机构能够更准确地诊断疾病，制定个性化的治疗方案。此外，大数据在流行病学研究、疫苗研发等方面也发挥着不可或缺的作用，对于提升公共卫生水平，保障人民健康具有重要意义。当然，这只是大数据技术应用的冰山一角。在城市管理、交通运输、环境监测、农业生产等诸多领域，大数据都在发挥着重要的作用。它以强大的数据处理能力，为我们揭示出隐藏在海量数据中的规律和价值，推动社会的进步与发展。

（二）大数据技术精确捕捉岗位需求

在快速发展的现代社会，就业市场中的岗位需求呈现出日新月异的变化趋势。随着科技的不断进步和产业结构的持续调整，新的职业和岗位如雨后春笋般不断涌现，例如数据分析师、人工智能工程师等高新技术职位，这些岗位对从业者的技能和知识要求独特且高端。与此同时，一些传统的职业和岗位则可能由于技术替代、市场饱和等原因而逐渐退出历史舞台。

随着时代的快速发展，大数据技术已经崛起为精确捕捉岗位需求的关键力量，它重塑了我们对就业市场的理解和分析方式。在数字化、信息化浪潮的推动下，海量的就业市场数据不断生成，包括各类招聘信息、求职者简历、行业报告、经济指标等，这些数据蕴含着丰富的信息和深刻的洞见。大数据技术通过其强大的收集、存储、处理和分析能力，能够对这些海量的数据进行深度挖掘和有效利用。通过实时跟踪和分析就业市场的动态变化，大数据技术可以揭示出招聘需求的趋势、行业发展的热点、求职者的流动模式等关键信息。这些信息不仅反映了当前市场的状况，更预示了未来的发展方向和潜在机遇。进一步地，大数据技术还可以运用复杂的算法和模型，对就业市场进行预测和模拟。通过对历史数据的回溯分析，结合当前的市场环境和经济形势，大数据技术能够预测未来一段时间内各行业的招聘需求、薪资水平、技能要求等关键指标。这种预测能力为企业的人力资源规划、个人的职业发展规划提供了有力的数据支持。此外，大数据技术在促进就业市场信息透明化、减少信息不对称方面也发挥了重要作用。通过公开、共享就业市场数据，大数据技术有助于求职者更全面地了解市场动态和岗位需求，从而做出更明智的职业选择；同时，也促使企业更加关注自身的招聘策略和人才需求，以更精准的方式吸引和选拔人才。

随着时代的飞速发展，大数据技术已经渗透到社会生活的各个层面，特别是在就业市场和职业规划领域，其影响力日益凸显。通过深度挖掘和分析海量数据，大数据技术能够精准地揭示当前和未来一段时间内哪些行业和岗位将呈现出旺盛的人才需求。这种需求不仅体现在数量的增长上，更重要的是对人才质量和技能要求的提升。最新的研究数据表明，高新技术产业、现代服务业以及绿色经济领域正成为人才需求的热点。在这些行业中，如人工智能、大数据分析、云计算、新能源技术等岗位由于其创新性和高技能要求，对人才的需求尤为迫切。同时，随着数字化转型的加速推进，传统行业也在不断转型升级，对数字化人才的需求呈现出快速增长的态势。进一步来看，大数据技术还能够深入剖析这些热门行业和岗位所需的具体技能和知识。例如，对于人工智能领域的人才来说，掌握机器学习、深度学习等算法以及 Python 等编程语言是必不可少的；而在大数据分析领域，则需要具备数据清洗、数据挖掘、数据可视化等技能。对这些技能和知识的梳理和分析，不仅为大学生提供了清晰的学习目标和方向，也为高校的人才培养模式创新提供了重要参考。值得一提的是，大数据技术的预测功能在就业市场中也发挥着举足轻重的作用。通过对历史数据和当前趋势的综合分析，大数据技术能够预测未来一段时间内的人才需求变化，从而为大学生提供更加精准的职业规划建议。这种建议不仅能够帮助大学生选择适合自己的职业方向，还能够引导他们在大学期间有针对性地提升自己的技能和竞争力，为未来的职业发展奠定坚实的基础。

在当下这个信息化、数字化的时代，大学生面临着前所未有的机遇与挑战。通过精准的大数据分析，他们可以更加科学地规划自己的职业发展路径，有针对性地提升自身的综合素质与专业技能。基于大数据分析的结果，大学生可以清晰地认识到当前就业市场的需求和趋势，从而选择那些与市场需求紧密对接的专业和课程。这样的选择不仅能够帮助他们积累与未来职业密切相关的知识和技能，还能够在激烈的市场竞争中占得先机。此外，参与与所学专业相关的实习和项目，也是大学生提升自身竞争力的重要途径。通过实践经验的积累，他们可以更加深入地理解行业现状和发展趋势，增强自己的实际操作能力和解决问题的能力。与此同时，高校和教育机构在大数据的助力下，也能够更为精准地把握社会对人才的需求变化。他们可以根据就业市场的实时反馈和数据分析结果，灵活调整专业设置和人才培养方案，确保所培养的人才既具有扎实的专业基础，又能够适应社会的不断变化和发展。这种以市场需求为导向的人才培养模式，不仅有助于提升高校的教育教学质量，还能够更好地满足社会对人才的多样化需求。

（三）大数据技术提供薪酬信息

在当今信息爆炸的时代，大数据技术的应用已逐渐成为各行各业的决策支持工具，对于即将踏入职场的大学生而言，薪酬无疑是他们选择工作时极为关心的一环。传统的薪酬信息获取方式，如咨询前辈、查阅行业报告等，虽有一定参考价值，但往往存在信息不全面、时效性不强等问题。而大数据技术的兴起，为大学生获取薪酬信息提供了一种全新的、更加科学有效的方式。

随着时代的进步和技术的革新，大数据技术已经成为我们获取、处理和分析海量信息的重要工具，特别是在就业市场和薪酬谈判方面，其应用价值和影响力日益凸显。通过大数据技术，我们能够高效地收集并整合来自不同行业、不同岗位以及不同地区的薪酬数据，形成一个庞大而全面的薪酬信息库。这些薪酬数据不仅包含了基本的薪资水平，还涵盖了各种津贴、奖金、福利等薪酬待遇，以及随着时间推移的薪酬变化趋势。通过对这些数据的深入挖掘和分析，大学生可以更加清晰地掌握当前就业市场的薪酬结构和动态，了解不同行业、岗位和地区的薪酬差异及其背后的原因。这种全面的薪酬认知，对于大学生在就业过程中的薪资谈判至关重要。在谈判前，他们可以根据所掌握的市场薪酬数据，为自己设定一个合理且具竞争力的薪资期望。在谈判过程中，他们可以利用这些数据作为支撑，有理有据地表达自己的诉求，避免因信息不对称而导致的薪资被压低或利益受损。同时，这些薪酬数据还可以帮助大学生更好地规划自己的职业发展路径。通过对比不同行业和岗位的薪酬水平及发展趋势，他们可以更加理性地选择那些具有成长潜力和市场前景的职业方向。

值得一提的是，随着大数据技术的迅猛发展和广泛应用，其展现出的实时性和动态性特点，为薪酬信息的获取带来了革命性的变革。在过去，大学生往往只能依靠有限的渠道和滞后的信息来了解行业的薪酬状况，这无疑增加了他们在就业市场中的不确定性和风险。然而，如今的大数据技术能够实时地收集、整合和分析海量的薪酬数据，为大学生提供及时、准确的薪酬信息。这种实时性和动态性，使得大学生能够随时关注行业动态和市场变化，及时调整自己的期望薪资，可以根据大数据所揭示的薪酬趋势和标准，更为科学地制定自己的薪资策略，从而在就业谈判中占据更为有利的地位。同时，大数据还能够揭示出不同行业、不同地区、不同职位之间的薪酬差异和变动趋势，为大学生的职业选择和地域定位提供更为全面的参考。此外，大数据技术的实时性和动态性也为大学生提供了更多的就业机会和可能性。他们可以通过大数据分析，发现那些新兴的、具有发展潜力的行业和职位，从而及时调整自己的职业规划和发展方向。这种基于大数据的灵活调整，不仅有助于大学生更好地适应就业市场的需求，还能够为他们的职业发展打开更为广阔的空间。

综上，数据驱动的就业市场分析为大学生提供了全面、准确、及时的就业信息，有助于他们做出更合理的职业规划和选择。未来，随着大数据技术的不断发展和完善，这种分析方法将在就业市场研究中发挥越来越重要的作用。同时，这也要求大学生在求职过程中积极拥抱新技术、新思维，不断提升自己的信息素养和数据分析能力，以更好地适应和把握就业市场的变化。

二、个性化职业发展建议

在大数据的时代背景下，大学生的职业发展建议不再是一成不变、千篇一律的模板式指导，而是可以根据每位学生的独特性和市场需求进行个性化定制。利用大数据分析技术，我们可以为大学生提供更加精准、有价值的职业发展建议。

（一）大数据深度赋能大学生学习与职业发展规划

在信息化、数字化的时代背景下，大数据分析已经深度融入高等教育的各个环节，特别是在大学生的学习与职业发展规划方面，其赋能作用日益凸显。通过对学生学习、生活、实践等多维度数据的深度挖掘与分析，大数据不仅为教育者提供了更加全面、精准的教学决策支持，同时也帮助学生更加清晰地认识自我，科学规划学习路径和职业道路。

首先，大数据分析技术的引入，彻底打破了传统学习评价的局限性和束缚，为教育者提供了一个全面、深入的视角来掌握学生的学习状况。通过高效地收集和分析学生在在线学习平台上的多维度数据，如学习时长、互动频率、作业完成情况等，教育者能够以前所未有的精准度洞察每个学生的学习习惯、学习进度以及知识掌握情况。这种基于大数据的精准分析，不仅让教育者能够清晰地看到学生的个体差异，更重要的是，它为教育者提供了有力的数据支持，以便制定和执行个性化的教学辅导策略。通过这种方式，教育者可以确保每个学生都能在最适合自己的学习路径上前进，无论是学习速度、难度还是教学内容，都能得到恰到好处的调整和优化。因此，大数据分析不仅提高了教学的针对性和实效性，更在根本上提升了学生的学习效果，为现代教育开辟了一条全新的、以数据驱动的优化路径。

其次，大数据分析技术还能够实时追踪学生的学习动态，为教育者和学生提供及时的反馈。大数据分析技术的强大功能不仅体现在海量数据的处理上，更在于其能够深入挖掘这些数据背后的价值。在教育领域，这项技术就如同一双洞察一切的慧眼，能够实时追踪和捕捉学生的学习动态。通过对学生学习数据的持续、全面收集，包括在线学习时间、完成作业情况、互动频率等多维度信息，大数据分析为教育者和学生描绘出一幅清晰、动态的学习画卷。教育者可以借此实时掌握每个学生的具体学习状况，如哪些知识点学生掌握得较好，哪些部分存在疑惑或困难。这种精准的反馈机制带来的好处是多方面的。对于教育者而言，他们可以根据大数据分析的结果，及时调整教学内容和方法。例如，当发现某一知识点有大量学生出现困惑时，教育者可以迅速组织针对性的辅导或重新设计相关的教学内容，以确保学生能够顺利掌握。对于学生而言，大数据分析技术同样为他们带来了巨大的帮助。学生可以通过这些数据及时了解自己的学习进度，明确自己在学习中的薄弱环节，从而制定更加有效的学习策略。更重要的是，这种实时的反馈可以让学生保持对学习的热情和动力，因为他们能够清晰地看到自己的进步和需要改进的地方。总的来说，大数据分析技术为教育者和学生之间搭建了一个高效、实时的沟通桥梁。它不仅提高了教学的针对性和效率，也让学生更加主动地参与到学习中来，实现了教与学的双赢。

此外，在职业发展规划方面，大数据分析技术的运用已经日益显现出其巨大的潜力和价值。利用大数据，我们可以对学生在校期间的学习成绩、课外实践、社团活动、兴趣爱好以及技能特长等多维度信息进行深度挖掘与综合分析。基于这些数据，大数据系统能够生成个性化的职业推荐和发展路径建议。

这种数据驱动的职业规划指导方式相比传统的指导方法，具有更高的科学性和精确度。通过对学生全方位的数据分析，我们不仅可以发现学生的潜在优势和兴趣所在，而且还能预测他们在特定职业领域的发展潜力和可能面临的挑战。更为重要的是，大数据分析可以帮助学生建立更加全面的自我认知。通过数据呈现出的学习模式、能力倾向和兴趣特点，学生能够更加清晰地认识到自己的长处和短板，从而做出更加贴合自身情况的职业规划。这种深度的自我洞察，无疑会增强学生在未来职场中的竞争力和适应能力。同时，大数据在职业规划中的应用还有助于提升教育的针对性和实效性。教育机构可以根据大数据的分析结果，为学生提供更加精准的职业指导服务，帮助他们找到最适合自己的发展道路。这种个性化的教育服务，不仅符合当代教育的发展趋势，也是实现教育公平和促进学生全面发展的重要手段。总的来说，大数据分析在职业发展规划方面的应用，不仅提高了职业规划的科学性和准确性，还帮助学生更好地认识自我、发掘潜力，为他们的职业发展奠定了坚实的基础。

同时，为了充分发挥大数据分析的赋能作用，高校必须积极构建一个健全且高效的数据生态系统。这一系统的基石是建立一个统一的数据管理平台，该平台应具备强大的数据整合能力，能够有效地将分散在各部门、各业务线的教学、管理及服务数据进行汇集和标准化处理。通过数据的统一管理和共享，高校能够打破信息孤岛，提升数据的可用性和分析价值。同时，高校应加强数据分析能力的建设，这不仅包括引进和更新先进的数据分析工具和技术，更重要的是要培养一支具备高度专业素养的数据分析团队。这支团队应具备深厚的数据分析理论基础和实战经验，能够灵活运用各种分析方法和模型，从海量数据中提炼出有价值的信息，为高校的战略决策和日常运营提供有力支持。数据的安全性和隐私保护同样不容忽视。高校在构建数据生态系统的过程中，必须建立完善的数据安全保障机制，通过采用先进的加密技术、设置严格的访问权限和审计制度，确保学生数据的安全和隐私不受侵犯。这样，高校才能在一个安全、可靠的环境中充分利用大数据分析的力量，推动教育教学的创新和提升。

总之，大数据分析为大学生的学习与职业发展规划提供了强大的技术支持。通过深度挖掘和分析学生的学习数据，大数据不仅能够帮助教育者更加精准地了解学生的学习需求和发展潜力，提供个性化的教学辅导；同时也能够帮助学生更加清晰地认识自我，科学规划学习路径和职业道路。随着技术的不断进步和应用场景的不断拓展，大数据分析将在高等教育领域发挥更加重要的作用，为学生的全面发展和未来成功奠定坚实基础。

（二）以大数据为引擎，全景式解析大学生的专业底蕴与兴趣图谱

在高等教育走向个性化与精准化的今天，大数据已然成为教育变革的强大动力。特别是对于大学生这一群体，通过深入挖掘他们在学习、社交、实践等多方面的数据，我们可以全景式地描绘出他们的专业底色与多元兴趣，为教育者提供更为精确的学生画像。

首先，大数据技术的出现为教育者提供了一种前所未有的观察工具，就像是一台功能强大的"望远镜"。通过这台"望远镜"，教育者可以远距离地、深入细致地观察每一个学生的学习轨迹和潜在能力。无论是学生的学业表现、课堂上的互动情况，还是他们在课外的实践活动和项目贡献，所有这些细节都能被大数据精准捕捉并记录下来。这不仅仅是一个简单的数据收集过程，而是一个全面、细致的学习档案的构建过程。这个档案不仅记录了学生的学习成绩，更体现了他们在各个方面的表现和发展。大数据就像一个无微不至的记录员，默默地记录着学生的每一次进步和成长。对于教育者来说，这些数据不仅有助于他们更全面地了解每一个学生，更能帮助他们及时发现学生的学习难题和发展瓶颈。比如，当发现某个学生在某一学科上持续表现不佳时，教育者可以迅速介入，提供有针对性的辅导和支持。更重要的是，大数据的深入分析还能揭示出学生的专业潜能和兴趣所在。通过对学生学习轨迹的追踪和分析，教育者可以发现学生的特长和兴趣点，从而为他们提供更加贴合个人特点的教学计划和职业发展建议。总的来说，大数据为教育者提供了一种全新的视角和工具，使他们能够更深入地了解每一个学生，发现他们的学习问题和发展短板，并据此为他们量身定制更加合适的教学和辅导策略。这不仅有助于提升教学质量，更能促进学生的个性化和全面发展。

其次，大数据技术的运用还为我们发掘了大学生的多元兴趣和隐性才能。在传统教育模式下，我们往往只关注学生的学业成绩，而忽略了他们在其他领域的潜力和才华，如音乐、艺术、体育以及社交能力。然而，大数据的出现彻底改变了这一现状。通过大数据的深入分析，教育者能够更全面地了解学生的个性和兴趣。例如，通过分析学生的在线行为数据、社交媒体互动信息等非传统数据源，我们可以精确地捕捉到他们的兴趣点和特长所在。这些数据为我们描绘出一个个生动、立体的学生画像，让我们看到他们在学业之外的丰富面貌。这一变化为学生带来了前所未有的机会。他们现在可以在更广阔的平台上展示自我、发展自我，不再局限于传统的学术领域。同时，这也为教育者提供了新的视角和工具，使他们能够根据学生的多元兴趣和才能设计更为丰富、多样的教学活动和课程。这不仅有助于激发学生的学习兴趣和动力，还能更好地满足他们的个性化需求，实现真正的因材施教。

更为重要的是，大数据所具备的预测与建模功能展现出其独特的优势。借助深度学习和机器学习等尖端技术的支持，教育者能够深入挖掘并分析历史数据，进而准确预测学生的未来学业表现和个人发展趋势。这种基于数据的预测，为教育者提供了一个前所未有的视角，使他们能够洞察学生的潜在能力和可能面临的挑战。通过大数据的预测分析，教育者可以更为精准地判断哪些学生在哪些方面可能遇到困难，从而及时进行有针对性的辅导和支持。这种前瞻性的干预方式，不仅能够有效提升学生的学习效果，更有助于培养他们的自信心和学习兴趣。同时，大数据的建模功能也为教育者提供了一个全新的教学工具。通过构建学生学业发展的模型，教育者可以更为直观地了解学生的整体发展态势，进而调整和完善教学策略。这种数据驱动的教学方式，使得教育过程更为科学、高效和个性化。

确实，大数据的应用虽然带来了诸多便利，但也存在着不少挑战和问题。数据的真实性、安全性和隐私性都是必须严肃对待的议题。特别是在高校这样的教育机构中，大数据的应用不仅关乎教育质量，还涉及学生的个人信息保护，因此必须谨慎行事。高校在引入大数据应用时，应当深刻认识到数据的真实性是大数据分析的基石。不准确的数据会导致错误的结论，进而影响决策的有效性。为此，建立严格的数据质量控制流程至关重要，包括数据的采集、清洗、验证等环节，都需要有明确的规范和操作标准。同时，数据的安全性也不容忽视。高校必须采取有效的加密技术和访问控制机制，防止数据泄露或被非法获取。这要求高校不仅要有先进的技术手段，还需要制定严密的管理制度，确保只有授权人员才能访问和使用数据。隐私性是另一个重要方面。在处理包含个人隐私信息的数据时，高校必须遵守相关法律法规，确保个人隐私不被侵犯。这可能需要采取匿名化、去标识化等技术手段，以及建立严格的隐私保护政策。为了确保大数据应用的有效性和准确性，高校还需建立一套完善的数据治理机制。这包括明确数据的所有权、使用权和经营权，制定数据质量管理、数据安全管理等规章制度，以及建立数据管理的组织架构和流程。此外，高校还应建立专业的培训体系，提升教职员工在数据采集、处理、分析和解读方面的能力。这不仅有助于提高大数据应用的效果，还能确保数据的准确性和有效性，从而更好地服务于教学和科研工作。

（三）精准对接就业市场，个性化引领学生职业发展

在高等教育与就业市场紧密相连的时代背景下，大数据分析技术已经崭露头角，成为学生职业规划的得力助手。通过深入洞察就业市场的动态，该技术为学生提供了更加精准、个性化的职业发展指导，使得教育与未来职业的衔接更加顺畅。

利用大数据分析技术，教育者和职业规划师如今能够实时追踪并分析各行各业的发展趋势和招聘需求，从而极大地丰富了教育和职业规划的内容与精度。通过大数据的深入挖掘，我们可以清晰地观察到新兴产业的蓬勃发展和传统行业的逐步转型，这些翔实的数据为我们揭示了就业市场的真实面貌和潜在机遇。对于学生而言，大数据分析技术提供了一个前所未有的视角，让他们能够及时了解市场动态，洞察行业发展趋势，并根据这些信息调整自己的学习和职业规划。这不仅为学生提供了更多的选择和机会，还使他们能够根据自身兴趣、专长以及市场需求，做出更为明智和具有前瞻性的职业决策。同时，教育者和职业规划师也能利用这些数据，为学生提供更为个性化、科学化的指导建议，帮助他们找到最适合自己的发

展路径，实现个人价值和职业发展的双赢。在这个数据驱动的时代，大数据分析无疑为我们提供了一个更为广阔和深入的视野，助力教育和职业规划走向更加精准和高效的未来。

更为重要的是，大数据分析技术展现了其在深度挖掘学生个人特质与潜能方面的独特优势。通过综合考量学生的多维数据，包括学业成绩、技能掌握程度、实践经验以及个人兴趣等，我们能够构建一个全面的学生画像。在这一基础上，教育者和职业规划师得以更精确地评估每位学生的独特优势和需要改进的方面。利用这些细致入微的数据洞察，我们可以为学生提供更加贴合其个人特点和需求的职业发展建议。这种高度个性化的指导方式，不仅有助于学生认清并最大限度地发挥自己的潜能，还能显著提升他们的职业竞争力。在未来的职场环境中，那些能够清晰认识自我、准确定位并不断优化自身技能的学生，无疑将拥有更大的竞争优势，更容易在激烈的职场竞争中脱颖而出。此外，大数据分析技术还可以帮助学生发现之前可能未曾注意到的自身特点和能力，为他们揭示新的职业道路和发展方向。通过这种方式，学生们不仅能够更好地了解自己，还能根据个人的特质和兴趣，做出更明智的职业选择，从而在未来的职业生涯中取得更大的成功。

除此之外，大数据分析技术还具备强大的预测功能。结合历史数据和当前市场趋势，它可以为学生描绘出未来几年的职业发展蓝图。这不仅帮助学生清晰地规划自己的职业生涯，还使他们能够提前做好准备，抓住机遇，应对挑战。

然而，为了充分发挥大数据分析技术在学生职业发展中的重要作用，我们仍需致力于构建一套完备的数据收集、处理和分析体系。这一体系的建立将确保我们能够高效地汇集、整合和解读来自各个渠道的信息，从而更精确地洞察行业动向和市场需求。此外，加强与外部机构的合作也是至关重要的。通过深化与企业、行业组织等的交流合作，我们可以获取更加及时、准确的第一手数据，这不仅有助于提升数据分析的可靠性和有效性，同时也能够使我们更好地把握市场动态，为学生提供更具前瞻性和实用性的职业发展指导。

总的来说，大数据分析技术通过精准对接就业市场和个性化引领学生职业发展，为学生的未来职业生涯奠定了坚实基础。它不仅连接了高等教育与就业市场，还架起了学生通往成功职业的桥梁。在未来，随着技术的不断进步和应用领域的不断拓展，我们有理由相信，大数据分析技术将在学生职业发展中发挥更加重要的作用。

三、优化思想政治教育内容

在大数据的时代背景下，大学生的思想动态、价值观念、社会责任感等信息不再难以捉摸，而是可以通过各种数据形式进行捕捉和分析。这为思想政治教育工作者提供了一个前所未有的机会，使他们能够更加深入地了解教育对象，从而优化教育内容和方法。

（一）大数据分析在教育领域的多元应用

大数据分析技术以其强大的数据处理和挖掘能力，为教育领域带来了革命性的变革。在思想政治教育方面，这种技术的深入应用使得我们能够更加精确地理解学生的内心世界，从而为教育内容的优化提供坚实的数据支撑。以下是大数据分析在教育领域，特别是思想政治教育中的几个主要应用方面。

1. 学生思想动态的实时监测

在大数据时代，学生思想动态的实时监测已成为可能。现在，学生的社交媒体活动、在线论坛讨论等都成了重要的数据源，它们记录了学生的观点、情感和态度。通过大数据技术，我们可以高效地收集并分析这些平台上的言论和行为数据。

教育工作者可以利用这些数据，实时地捕捉到学生的思想动态和情绪变化，进而更准确地把握学生的心理，为教育引导提供有力依据。例如，当某一社会事件或校园话题在学生中引发热烈讨论时，大数据分析技术能够迅速分析出学生的主要观点和情感倾向。

这样的实时监测对于确保思想政治教育内容的时效性和针对性至关重要。它使教育工作者能够在第一时间了解学生的真实想法和感受，从而及时进行引导和教育。通过这种方式，不仅可以增强学生的思想政治教育效果，还能建立起更为紧密和信任的师生关系，进一步促进学生的全面发展。

2. 教育内容的精准匹配

在传统的教育模式下，思想政治教育通常采用一种标准化、"一刀切"的教学方法，这种方法忽略了学生之间的个体差异，往往难以满足不同学生的具体需求。然而，随着大数据分析技术的引入，教育领域迎来了革命性的变革。

大数据分析技术允许我们深入探索每个学生的兴趣、关注点和学习偏好。例如，通过分析学生的在线学习行为，包括浏览历史、学习时长、互动次数等，我们能够精准地掌握每个学生的学习特点和喜好。这使得教育者能够根据学生的个体差异，为他们量身定制教育内容。

具体而言，若发现某些学生对历史事件特别感兴趣，教育者就可以提供更多与历史相关的思想政治教育内容；若学生喜欢通过视频学习，那么就可以采用多媒体教学方式，用更直观、更生动的方式传授知识。这种针对性的教学内容设计，大大提高了学生的学习兴趣和参与度，使得思想政治教育不再是枯燥的说教，而是与学生实际需求紧密相连的、有吸引力的教学活动。

大数据分析技术带来的教育内容精准匹配，不仅优化了学生的学习体验，还提升了教育的整体质量和效果。这种个性化的教学方法，能够培养出既有坚定理想信念，又能充分发挥个人潜能的优秀人才。

3. 学生心理健康的评估与辅导

学生心理健康的评估与辅导在思想政治教育中占据着举足轻重的地位，而大数据分析技术为这一领域带来了革命性的变革。通过深入挖掘和分析学生的情感表达、社交网络互动、日常行为模式等多维度数据，我们能够更加精确地评估每位学生的心理健康状况，甚至在其问题出现之前就进行预警。

例如，利用先进的自然语言处理和机器学习技术，我们可以分析学生在社交媒体、论坛以及作业提交中的文本数据，从而捕捉到焦虑、抑郁或其他心理健康问题的微妙迹象。这些技术不仅能够识别出问题之存在，还能追踪其发展趋势，为教育者和心理健康专家提供宝贵的信息，以便他们及时介入并提供帮助。

此外，大数据分析技术还能助力心理健康辅导的个性化。通过对每位学生独特的行为和情感数据的分析，我们可以为他们量身定制心理健康辅导方案，确保支持措施更加精准有效。这种数据驱动的辅导方式不仅提高了心理健康服务的效率，也大大提升了其质量。

总的来说，大数据分析技术在学生心理健康评估与辅导方面的应用，标志着我们能够以前所未有的精度和效率来理解和改善学生的心理健康状况。这不仅能够促进学生的全面健康发展，也为构建更加和谐、健康的校园环境奠定了坚实的基础。

4. 教育资源的优化配置

在当前教育资源有限的情况下，如何做到科学合理的资源配置显得尤为重要。大数据分析技术在这方面展现出了巨大的潜力和价值，它为我们提供了一种全新的、科学的方法来实现教育资源的优化配置。

利用大数据分析，我们可以全面、深入地挖掘和分析学生的学习行为、学业成绩等多维度数据。这些数据不仅反映了学生的学习习惯、兴趣和难点，还揭示了各种教育资源在实际应用中的效果。例如，通过分析在线学习平台的数据，我们可以精确地了解到哪些教学资源更受学生欢迎，哪些教学方式能够产生更好的教学效果。

基于这些精准的数据分析，我们能够更加明智地评估各项教育资源的投入产出比。这意味着，我们可以根据数据反馈，将更多的资源投入到那些对提高学生学习效果和思想政治素质有显著影响的领域。例如，如果发现某种在线课程或教学方式在提高思想政治觉悟方面效果显著，我们就可以增加对该课程或教学方式的投入，同时减少对效果不佳的资源的投入。

大数据分析技术不仅帮助我们了解了学生的学习需求和偏好，还确保了教育资源的配置更加科学和高效。这种基于数据的决策方式，不仅优化了教育资源的分配，也提升了教育教学的整体质量和效果，特别是在思想政治教育方面，大数据分析为确保内容的科学性和有效性提供了有力的支持。

（二）以数据分析为基础，重塑思想政治教育内容体系

随着大数据技术的迅猛发展，数据分析正逐渐成为重塑思想政治教育内容体系的重要基石。通过深入挖掘和分析学生产生的多维度数据，教育者能够更精准地把握学生的真实需求和兴趣点，进而构建出更加贴近学生实际、引发学生共鸣的思想政治教育内容。

首先，数据分析在教育领域的应用为教育者提供了深入了解学生的独特视角。通过系统地收集学生的在线行为数据、挖掘学习偏好以及分析社交互动信息，教育者能够洞察到学生的思想观念、价值取向以及行为模式等深层次、多维度的特征。这些通过数据分析获得的宝贵信息，极大地丰富了教育者对学生的了解，超越了传统的以分数为单一评价标准的模式。有了这些详细的学生画像，教育者不仅可以更全面地理解每个学生的独特性，还能根据这些信息对教育内容进行个性化定制，以满足不同学生的具体需求。例如，对于表现出特定学习偏好或行为模式的学生，教育者可以调整教学方法或提供额外的学习资源，以更好地激发他们的学习兴趣和潜能。这种以数据为驱动的个性化教育模式，不仅有助于提升学生的学习效

果，还能培养他们的自主学习能力和创新思维。通过数据分析，教育者可以更加科学地设计教育方案，从而实现真正意义上的因材施教。

其次，借助数据分析所提供的深刻见解，教育者可以构建更为科学、系统且目标明确的思想政治教育内容体系。通过详尽地挖掘和分析学生数据，教育者能够精准地捕捉到学生群体中的热点议题、普遍存在的思想难题以及他们迫切的成长和发展需求。基于这些宝贵的信息，教育者可以设计出富有启发性、能激发学生深入思考和积极参与的教育内容。这些内容不仅与学生的真实生活和思想动态紧密相连，还能有效地解答他们的疑惑，满足他们的求知欲。同时，教育者也可以紧密结合当下的时代背景和社会发展的最新趋势，将前沿的理论研究成果和生动的实践案例有机地融入到教育内容之中。这样的教育内容不仅具有鲜明的时代特色，也更能体现出实用性和针对性，从而帮助学生更好地理解和应对现实生活中的挑战，实现个人成长和社会责任的和谐统一。

此外，数据分析技术在思想政治教育内容体系的动态调整和优化过程中也发挥着至关重要的作用。通过实时收集学生在学习过程中的各种反馈数据，如学习时长、互动频率、成绩变化等，教育者能够客观地评估教育内容的效果，以及学生的学习情况和进步程度。这些数据不仅反映了学生的学习状态，还揭示了教育内容是否满足学生的实际需求，是否有助于他们全面理解和掌握思想政治教育的核心理念。通过深入分析这些数据，教育者可以及时发现存在的问题和不足，如哪些部分的内容学生掌握得不够扎实，哪些教学方法可能不够有效等。根据数据分析的结果，教育者可以针对性地调整教育内容、改进教学方法。例如，如果发现学生对某一章节的内容掌握得不够深入，教育者可以增加相关案例分析或讨论环节，帮助学生更好地理解和掌握。同时，教育者还可以根据社会发展的最新动态和学生需求的变化，及时更新教育内容，确保思想政治教育始终与学生的实际需求和社会发展保持同步。

同时，必须清醒地认识到，尽管数据分析具有强大的功能，但它绝非万能的解决方案。在借助数据分析技术来重塑思想政治教育内容体系的过程中，教育者需要保持一种理性且审慎的态度。数据的力量虽然不容小觑，但教育者绝不能过度依赖数据，而忽视了自身的专业判断以及学生的主观能动性。数据分析能够提供关于学生学习行为和成效的大量信息，但这些信息只是参考，而非决定性的因素。教育者在使用这些数据时，应结合自身的教育经验，以及对学生的深入了解和实时的学生反馈，来进行综合考量。更为关键的是，教育者需要鼓励学生发挥他们的主观能动性，让他们在数据分析的辅助下，更加清晰地认识自己的学习状态和需求，进而主动参与到思想政治教育内容体系的建构与创新中来。只有这样，才能确保数据分析技术真正为思想政治教育服务，而不是取代教育者的专业判断和学生的主体作用。要通过教育者的专业引导、学生的积极参与，以及数据分析的科学支持，推动思想政治教育内容体系实现持续的创新与发展，从而培养出既有知识，又有品德的新时代青年。

展望未来，随着科技的不断革新与数据资源的日益充实，数据分析在思想政治教育中的应用将迈向更广阔的天地，发挥出更高的价值。借助愈加先进的数据分析技术及算法模型，教育者将能更精确地预见学生的行为动向，更深入地探寻学生的潜在需求。在这样的背景下，思想政治教育将变得更为个性化和针对性。通过数据分析，教育者可以为每位学生设计出贴合其特点和需求的专属教育方案，无论是内容的深度、教学的方式还是学习的节奏，都能实现个性化的定制。这不仅能有效提升学生的学习兴趣和效果，更能确保每位学生都能在思想政治教育中获得最大的成长与进步。数据分析的深入应用，将使思想政治教育从传统的"一刀切"模式转变为更加精细化、人性化的教育方式，从而实现教育的最大化和最优化，培养出既具备坚实思想政治基础，又个性鲜明、全面发展的新时代人才。

（三）构建数据驱动的思想政治教育评估与反馈机制

在大数据时代的背景下，数据驱动的思想政治教育评估与反馈机制显得尤为重要。这一机制能够克服传统评估方式中的主观性和片面性，为思想政治教育提供更为客观、科学的衡量标准。

首先，通过全面而系统地收集学生在学习过程中的多维度数据，包括学习时长、互动频次、作业完成质量以及各阶段测试成绩等，我们能够构建一个全面且详尽的数据集，用以反映学生的学习效果与状态。利用先进的数据分析技术，我们可以对这些宝贵的数据进行深入挖掘和细致分析，进而探寻学生的学习规律、兴趣爱好以及在学习过程中可能遇到的问题和挑战。这一过程不仅为科学评估学生的学习成果提供了坚实的客观依据，同时也为教育者提供了有力的数据支撑，以便他们能够根据实际情况灵活调整和优化教育内容，使之更加符合学生的学习需求和成长规律。通过这种方式，我们不仅能够确保教育的针对性和实效性，还能够有效提升学生的学习体验和成果，推动思想政治教育朝着更加个性化、科学化的方向发展。

其次，数据驱动的反馈机制对于确保评估的及时性和有效性起着至关重要的作用。通过实时地、不间断地监控学生的学习数据，我们能够迅速且精准地捕捉到学生在学习过程中遇到的各种困难和挑战。这种机制同样也能揭示出教育内容和方法可能存在的不足和需要改进的地方。有了这些从数据中提炼出的宝贵信息，教育者可以更有针对性地对教学策略进行调整。例如，当发现某些学生在某个知识点上反复出错时，教育者可以重点加强这一部分的讲解和练习，或者采用更生动有趣的教学方式来激发学生的兴趣。数据驱动的反馈机制还为教育者提供了更为个性化的学习支持的可能。通过深入分析学生的学习数据，教育者可以针对每个学生的特点和需求，提供定制化的辅导和帮助。这不仅有助于提升学生的学习效果，还能进一步激发他们的学习热情和主动性。总的来说，数据驱动的反馈机制让教育者能够在第一时间获取学生的学习情况，从而做出快速而准确的调整。这种机制确保了教学策略的灵活性和针对性，大大提高了教学效果和学生的学习成果。

此外，数据驱动的评估与反馈机制在推动思想政治教育的持续改进与创新方面发挥着至关重要的作用。通过对海量的学生数据进行深入剖析，我们能够洞察到现有教育内容和教学方法的优势与短板。这些宝贵的数据为教育改革提供了坚实的支撑，我们可以数据为核心持续改进流程，这样不仅可以有针对性地优化思想政治教育的教学质量，更能确保其与时俱进，紧密贴合社会和学生的动态发展需求。这种机制使得教育过程更加科学、客观，减少了主观臆断和盲目性，从而有助于培养出更符合时代要求的高素质人才。简而言之，数据驱动的评估与反馈机制是推动思想政治教育不断进步和创新的关键力量，它确保了教育的质量和实效性，同时也为教育的未来发展注入了源源不断的活力。

同时，我们还需要深刻认识到，数据驱动的评估与反馈机制虽然强大，但并非万能的解决方案。在利用数据进行深入分析和决策制定的过程中，必须意识到数据的局限性，并始终结合教育者的专业判断、学生的实际情况以及明确的教育目标等多方面因素进行综合考虑。数据分析虽然提供了宝贵的信息和洞察，特别是在评估学生的学习效果、发现问题以及预测未来趋势方面，然而，纯粹的数据分析往往无法捕捉到教育过程中的所有复杂性和细微差别，例如学生的情感状态、学习动机以及学生与教师和其他学生的互动等关键要素。因此，在推动思想政治教育发展的过程中，必须确保数据分析与教育者的直觉和经验相结合，同时充分考虑学生的个性化需求和实际学习环境。只有这样，才能确保数据在推动思想政治教育内容和方法的创新中发挥积极作用，而不是成为束缚思维的枷锁。通过综合运用数据分析和教育者的专业判断，能够更加全面地了解学生的学习状态，进而提供更加贴合实际的教育方案，更有效地实现教育目标，培养出既具备扎实知识，又拥有健康人格的新时代青年。

（四）利用大数据分析，提升思想政治教育的针对性和实效性

在思想政治教育领域，大数据分析技术的运用正日益成为提升教育针对性和实效性的关键手段。通过对学生产生的多维度数据进行深入挖掘和分析，教育工作者能够更精确地把握学生的个体差异和群体特征，从而设计出更具针对性的教育内容和活动，确保思想政治教育与学生的实际需求紧密相连。

首先，大数据分析技术的运用为教育工作者带来了革命性的变革，特别是在精细划分学生群体方面展现了其独特的优势。通过深入分析学生的在线行为数据、学习偏好、社交互动模式等，教育工作者能够以前所未有的准确度识别出不同年级、专业、性别乃至更细分群体的独特特征和个性化需求。这种精细化的学生群体划分，不仅有助于教育工作者更深入地理解每一位学生的学习方式和兴趣点，而且还为他们提供了为每个特定群体量身定制教育内容的可能性。例如，对于热衷于视觉学习的学生，教育者可以利用丰富的图表和图像资料来辅助教学；而对于喜欢动手实践的学生，教育者则可以设计更多的实验和项目式学习活动。通过这种方式，教育内容不再是一成不变的"一刀切"式的，而是能够根据不同群体的特点和兴趣进行灵活调整，从而大大提高教育的针对性和吸引力。这种以数据为驱动的教育模式，不仅有助于提升学生的学习效果和满意度，还能推动整个教育系统的持续创新和优化。

其次，大数据分析技术的引入，使得教育工作者能够实时监测和分析学生的思想动态和行为变化，这一创新为思想政治教育带来了革命性的变革。通过广泛收集并分析学生在社交媒体、学习平台等各类网络空间中的言论、情绪表达以及行为数据，教育工作者可以深入洞察学生的内心世界，及时捕捉到他们的思想困惑、价值观冲突以及可能存在的潜在问题。这种实时的数据反馈机制为教育工作者提供了一个极为有效的"雷达"，让他们能够迅速掌握学生的思想动态，并根据实际情况灵活调整教育策略。例如，一旦发现某些学生存在价值观念的偏颇或心理健康的隐患，教育工作者便能立即进行有针对性的引导和干预，帮助学生及时走出困境，树立正确的世界观、人生观和价值观。因此，大数据分析技术不仅提高了思想政治教育的敏感性和时效性，更确保了教育工作始终与学生的真实需求和内心世界紧密相连。这种以数据为驱动的个性化教育方式，无疑将大大提升思想政治教育的实效性和影响力，助力培养出更加健康、全面、有社会责任感的新一代青年。

再次，大数据分析在评估和优化思想政治教育效果方面同样展现出其独特的价值。通过对学生学习过程中的各种反馈数据进行深入挖掘和分析，如学习时长、互动参与度以及成绩变化等关键指标，教育工作者能够获得关于教育内容吸引力、教学方法有效性以及教育活动实际成果的客观评估。这些评估结果不仅为教育工作者提供了宝贵的参考信息，更重要的是，它们成为及时调整和优化教育策略的重要依据。利用大数据分析，教育工作者可以更加精确地识别出哪些教育内容或教学方法更受学生欢迎，哪些环节可能存在问题或需要改进。这样，他们就能够根据实际情况，对思想政治教育进行有针对性的调整和优化，确保其始终保持高效和有针对性的状态。因此，大数据分析在思想政治教育评估和优化中发挥着不可或缺的作用，为提升教育质量、满足学生需求以及推动教育创新提供了强有力的支持。

然而，在利用大数据分析技术来提升思想政治教育的针对性和实效性时，我们必须高度重视与之相关的数据隐私和伦理问题。随着大数据技术的广泛应用，我们拥有了更多关于学生学习和行为的信息，这无疑为教育工作带来了前所未有的便利。但同时，也伴随着一系列新的挑战。教育工作者在采集、存储和使用学生数据时，必须严格遵守相关的数据保护法规，确保所有数据的来源合法，并得到学生的明确同意。数据的传输和存储过程中，也需要采取加密和其他安全措施，防止数据泄露或被非法获取。除了数据隐私外，伦理问题同样不容忽视。大数据分析有时可能会揭示出学生的某些敏感信息或行为模式，这就要求教育工作者在使用这些数据时，必须持有高度的职业操守和道德责任感。任何数据分析的结果，都不应侵犯学生的隐私权和人格尊严。同时，为了提高数据分析的准确性和可靠性，教育工作者需要不断学习和掌握最新的数据分析技术，避免因为方法不当或数据解读错误，而得出误导性的结论。这样的结论如果被用于教育决策，可能会对学生的教育路径和未来发展产生深远的负面影响。因此，在利用大数据分析技术为思想政治教育服务的过程中，教育工作者必须始终保持警惕，确保数据的合法性、安全性，为学生提供一个科学、公正、安全的教育环境。

展望未来，随着大数据技术的持续进步与数据分析方法的不断完善，大数据分析将在思想政治教育领域扮演更加重要的角色，其应用也将更加广泛且深入。这一发展趋势将为教育工作者提供前所未有的支持，助力他们更深入地理解学生需求、精准设计教育内容并有效优化教育方法。通过大数据分析，教育工作者能够获取关于学生学习行为、兴趣爱好、知识掌握情况等多方面的详尽数据。这些数据不仅有助于教育工作者更全面地了解学生，更能使他们根据每位学生的具体情况，量身定制思想政治教育方案，从而显著提高教育的针对性和实效性。此外，大数据分析还能帮助教育工作者及时发现教育过程中的问题和挑战，为他们提供科学的决策依据，确保教育内容与方法始终与学生的学习需求和时代发展保持同步。这将极大地推动思想政治教育的创新发展，培养出更多具备较高思想政治觉悟和全面素质的新时代人才。

四、强化创业指导和支持

在当前快速发展的创业浪潮中，大数据技术的应用对于强化创业指导和支持具有至关重要的作用。这项技术以其独特的数据整合、分析和预测能力，为大学生创业提供了全面而深入的辅助，使得创业过程更加科学、精准和高效。

（一）大数据技术：创业者把握市场的利器

在当今创业浪潮汹涌的时代，大数据技术正迅速崛起，成为创业者们把握市场动态、引领创业方向的重要工具。通过深入挖掘和分析宏观经济数据、行业发展趋势、市场需求变化等丰富信息，大数据为创业者们描绘出了一幅细致入微的市场画卷，助力他们在激烈的市场竞争中脱颖而出。

大数据技术为创业者们提供了洞察市场整体的独特视角。借助对宏观经济数据的全面收集与深度分析，如 GDP 增长率、消费者信心指数等关键指标，创业者能够更清晰地了解当前经济大环境对创业活动的影响。这不仅有助于他们更审慎地制定和调整创业计划，还能确保企业在复杂多变的市场环境中保持稳健的发展态势。

同时，大数据技术还能揭示出行业发展的最新动态与未来趋势。通过持续追踪特定行业内企业数量、市场规模、竞争格局等关键数据的变化，创业者可以准确把握行业所处的生命周期阶段，及时识别出市场中的新兴增长点和盈利机会。这为他们进行产品或服务的精准定位提供了有力支持，帮助企业迅速占领市场先机。

此外，大数据技术还深入到了市场需求与消费者偏好的挖掘中。通过社交媒体监测、用户行为分析等多种手段的综合运用，创业者能够更深入地了解消费者的真实需求、购买习惯以及消费心理。这使得他们能够根据市场需求量身定制产品或服务，从而在激烈的市场竞争中脱颖而出，赢得消费者的青睐。

在营销策略的制定上，大数据技术同样展现出了强大的实力。通过对用户数据的精细划分和深度分析，创业者可以实现更加精准的营销活动投放，确保将有限的资源投入最具潜力的目标客户群中。这不仅大大提高了营销效率和投资回报率，还助力企业在激烈的市场竞争中占据有利地位。

最后，大数据技术还为创业者提供了全方位的风险预警与应对策略。通过对市场异常数据的实时监测和深入分析，创业者能够在第一时间发现潜在的市场风险，如政策变动、竞争加剧等不利因素。这为他们及时调整战略部署、应对市场冲击提供了宝贵的时间窗口和决策依据，确保企业能够在复杂多变的市场环境中稳健前行。

（二）大数据深化创业资源分析，引领科学决策与高效发展

在创业的道路上，对资源的深入理解和高效利用无疑是成功的基石。创业资源不仅涵盖资金、人才和技术等核心要素，更广泛触及政策、市场、供应链等多元化领域。在这个信息高度发达的时代，大数据技术如同一盏明灯，为创业者照亮了前行的道路，使他们能够以前所未有的深度和广度去挖掘、解析和利用这些资源。

通过大数据的精细分析，创业者可以清晰地洞察到各类资源的具体分布及其动态演变。例如，追踪资金流向能够帮助创业者及时发现投资热点和行业风向，进而灵活调整融资策略，确保资金的有效利用；深入的人才数据分析则可以让创业者了解行业人才的流动趋势和供需状况，为团队构建和人才引进提供坚实的数据支撑；同时，对技术趋势的敏锐捕捉也能让创业项目在技术层面保持前沿和领先。

大数据在创业资源配置中的独特价值，更体现在其对资源组合效果的深刻揭示上。创业者可以借助大数据对历史案例进行深度挖掘和学习，深入探究不同资源组合对创业项目成败的深远影响。这种基于数据的深刻洞察，将引导创业者以更加科学和精准的方式进行资源配置，优化资源的使用效率，从而在激烈的市场竞争中占据有利地位。

更进一步地，大数据还为创业者提供了强大的风险预测和应对能力。通过对市场变化、政策调整等外部环境的实时监测和数据分析，创业者能够及时识别并应对各种潜在风险，为项目的稳定发展和持续增长提供坚实保障。在这个数据驱动的时代，大数据无疑成为创业者科学决策和高效发展的关键助力。

（三）大数据技术在创业项目跟踪分析中的核心作用与卓越效能

在当今数据驱动的时代背景下，大数据技术已经凸显出其在创业项目跟踪分析中的核心作用和卓越效能。这一技术的全面、深入和实时的特性，赋予了创业者前所未有的数据洞察能力，为创业项目的稳健成长提供了坚实支撑。

大数据技术首先为创业项目建立了一个全面、多维度的数据收集与分析框架。此框架能够实时捕捉并记录项目的运营数据、用户交互行为以及市场动态等关键信息，使得创业者可以实时掌握项目的运营状况。进一步地，通过深度的数据挖掘和分析，创业者能够洞察市场趋势、揭示用户偏好、识别竞争格局，从而为项目决策提供科学、精准的数据依据。

在问题识别和预警机制方面，大数据技术的表现尤为出色。借助先进的算法和模型，大数据技术能够在第一时间检测到项目运营中的异常情况和风险点，例如销售数据的异常波动、用户行为的突然改变等。这些即时的预警信号为创业者提供了快速响应和调整的机会，有助于及时遏制问题的蔓延和恶化。

此外，大数据技术还为创业者提供了个性化和精准化的指导。通过深入分析项目数据，大数据技术能够准确识别创业者在运营、管理以及市场营销等方面的短板和不足之处。基于这些洞察，大数据技术可以生成针对性的改进建议和优化方案，助力创业者快速提升项目的整体竞争力和市场表现。

不仅如此，大数据技术还具备出色的预测功能，能够为创业者揭示项目未来的发展趋势和潜在机遇。这种数据驱动的预测能力不仅提升了创业者对未来市场的敏感度和洞察力，也使他们能够在激烈的市场竞争中把握先机，推动项目的持续创新和领先。

同时，大数据技术也极大地促进了创业项目与外部环境的良性互动。通过与行业数据、市场情报的对比分析，大数据技术帮助创业者更加清晰地了解项目在行业中的定位和影响力，从而制定出更为切合实际的市场策略和发展规划。这种内外结合的数据分析方法，不仅增强了项目的市场竞争力，也为创业者的战略决策提供了更为全面和深入的视角。

五、促进就业创业政策的优化

在促进大学生就业创业方面，大数据技术发挥着至关重要的作用。通过深度挖掘和分析大学生的就业创业数据，政府和高校能够获取关于学生就业状况、行业发展趋势、市场需求变化等多方面的翔实信息，从而为政策制定和调整提供有力的数据支撑。

（一）深度赋能：实现大学生就业创业情况的全景式跟踪与监测

在数字化浪潮的推动下，大数据技术已经成为政府与高校精准把握大学生就业创业动态的关键力量。通过深度整合与分析多维度数据，大数据技术能够绘制出一幅细致入微的大学生就业创业全景图，为政策制定、教育优化及市场调控提供坚实的数据支撑。

首先，大数据技术能够实现对大学生就业去向的全面追踪。从毕业院校、所学专业，到就业地区、行业分布及职位选择，每一个就业相关的细节都被大数据技术精准捕捉并纳入分析范畴。这不仅有助于揭示各专业、地区和行业间的就业差异与趋势，更能为高校的专业设置、课程调整以及招生策略提供科学化的决策依据。

其次，通过大数据技术，相关机构可以对学生的薪资水平、工作满意度以及职业发展路径进行持续监测。这些数据不仅反映了学生的就业质量，更揭示了市场对不同专业和技能的需求变化。例如，对于薪资水平持续低迷或工作满意度普遍不高的专业和行业，政府和高校可以及时调整相关政策，优化教育资源分配，以更好地满足市场需求，提升学生的就业竞争力。

此外，大数据技术还具备强大的预测功能，能够结合行业发展趋势、市场需求变化以及宏观经济环境等多重因素，对未来一段时间内的就业热点和难点进行准确预判。这种前瞻性的分析不仅为政府制定就业政策提供了科学依据，也为高校调整教育方向、优化专业设置提供了明确指引。

值得一提的是，大数据技术还能够促进政府、高校与企业之间的深度协作。通过共享数据资源和分析成果，各方可以共同构建一个更加紧密、高效的就业创业服务生态。例如，政府可以根据大数据分析结果制定更加精准的扶持政策，推动新兴行业的发展和就业岗位的创造；高校则可以与企业合作开展实习实训、联合研发等，提升学生的实践能力和就业竞争力。

总之，大数据技术在大学生就业创业跟踪与监测方面展现出了无可比拟的优势和潜力。通过深度整合与分析多维度数据，大数据技术不仅能够帮助相关机构更加全面地了解大学生的就业需求和市场动态，更能为政策制定、教育优化及市场调控提供有力支持。展望未来，随着技术的不断进步和应用场景的日益丰富，大数据技术将在推动大学生就业创业工作方面发挥更加重要的作用。

（二）精准助力政府与高校评估就业创业政策成效

在就业创业领域，大数据技术正日益成为政府和高校评估政策效果的重要工具。其强大的数据处理和分析能力，使得政策制定者能够更深入地了解政策实施的实际情况，从而作出更为精准、有效的决策。

首先，大数据技术为政府和高校提供了全面、多维度的数据收集手段。通过整合各类数据源，如教育部门、招聘网站、社交媒体等，可以获取到关于毕业生就业创业的全方位信息。这些信息不仅包括传统的就业率、薪资水平等指标，还涵盖了行业趋势、市场需求、创业动态等更为细致的数据，为政策评估提供了丰富的数据基础。

其次，大数据技术使得数据的对比和分析变得更为便捷和高效。通过对比政策实施前后的数据变化，政府和高校可以直观地看到政策对学生就业创业的影响和成效。例如，某项政策实施后，如果数据显示毕业生的就业率显著提升，或者创业活跃度明显增加，那么可以初步判断该政策取得了积极效果。同时，还可以进一步挖掘数据背后的深层关联和趋势，揭示政策可能存在的问题和改进空间。

更为重要的是，大数据技术为政府和高校提供了科学、精准的决策支持。基于数据的分析结果，政策制定者可以及时调整和优化相关政策措施，确保政策更加符合学生的就业创业需求和市场的发展趋势。这种数据驱动的决策方式，不仅提高了政策的针对性和有效性，也降低了政策调整的成本和风险。

此外，大数据技术还可以助力政府和高校进行政策效果的预测和模拟。通过构建精细化的预测模型，可以模拟不同政策方案下的可能结果，为政策制定提供更为前瞻性的指导。这种基于模型的预测方法，有助于政府和高校在复杂多变的就业创业环境中作出更为明智的决策。

综上所述，大数据技术在助力政府和高校评估就业创业政策成效方面发挥着不可或缺的作用。充分利用大数据的优势，我们可以更深入地了解政策实施的实际情况，为政策的持续优化和创新提供有力的数据支撑和决策依据。这将有助于推动整个社会的就业创业环境向着更为积极、健康的方向发展。

（三）推动政府与高校信息共享与深度协同合作

在当今数据驱动的时代，大数据技术正成为促进政府和高校之间信息共享与协同合作的关键纽带。通过建立统一的数据平台和完善的信息共享机制，双方能够实时交换、整合和分析就业创业相关的数据和信息，从而共同应对挑战，优化政策制定，并推动形成更加全面、高效的就业创业政策体系。

首先，大数据技术为政府和高校构建了一个高效、安全的数据交换平台。这个平台不仅实现了双方数据的实时共享，还确保了数据的准确性和一致性。通过平台，政府和高校可以便捷地获取到彼此掌握的关键信息，如毕业生的就业情况、行业的招聘需求、市场的创业动态等，为后续的深入分析和合作奠定了坚实基础。

其次，大数据技术强大的信息整合和分析能力，使得政府和高校能够共同对就业创业形势进行深度剖析。通过对海量数据的挖掘和比对，双方可以揭示出隐藏在数据背后的市场趋势、行业热点和潜在机遇，为政策制定提供更为精准、前瞻的决策依据。

更为重要的是，大数据技术推动了政府和高校在就业创业政策制定方面的深度协同合作。基于共享的数据和分析结果，双方可以更加明确各自的角色和定位，形成优势互补、协同发力的良好局面。这种合作模式不仅提高了政策制定的科学性和针对性，还有助于形成更加全面、系统的就业创业政策体系，从而更好地满足广大学生的实际需求。

再次，大数据技术还可以促进政府和高校在就业创业服务方面的创新与合作。通过挖掘和分析学生的个性化需求，双方可以共同开发出更加贴合学生实际的服务产品和项目，如定制化的就业指导、精准的创业扶持等。这些创新性的服务举措将进一步提升学生的就业创业成功率，推动整个社会的就业创业环境向着更加积极、健康的方向发展。

最后，大数据技术在促进政府和高校之间信息共享与协同合作方面发挥着举足轻重的作用。通过充分利用大数据的优势，我们可以打破信息壁垒，提高政策制定的科学性和针对性，形成更加全面、高效的就业创业政策体系和服务体系。这将为广大学生提供更加优质、便捷的就业创业支持和服务，推动整个社会的就业创业事业迈上新的台阶。

第二节　方法融合

随着信息化、数字化的深入推进，大数据已经成为新时代的重要特征和资源。在此背景下，大学生就业创业工作也迎来了新的挑战与机遇。本研究紧密结合时代发展趋势，深入探索大数据研究方法与思想政治教育方法在新时代就业创业指导中的协同创新路径。

一、大数据研究方法：把握新时代的就业创业脉搏

随着信息技术的迅猛发展，大数据已经成为新时代把握市场动态、行业趋势和人才需求的重要工具。在就业创业领域，大数据以其独特的洞察力和预测性，为精准分析市场需求和人才供给的匹配度、揭示隐藏的职业发展机会和风险提供了可能。通过运用大数据方法，能够更加精准地为大学生提供个性化的职业规划和就业指导，帮助他们在新时代的就业市场中脱颖而出。

（一）市场需求与人才供给的精准分析

在数字化时代背景下，大数据技术的应用为市场需求与人才供给的精准分析带来了前所未有的可能性。通过实时、全面地收集各行各业的招聘信息、求职数据以及市场动态，大数据能够深入剖析当前市场的细微变化和潜在趋势，从而为大学生就业提供更精准的指导和帮助。

首先，大数据技术的分析不仅停留在表面的数量匹配上，更能够深入到职位的具体要求、求职者的技能与经验以及市场的发展趋势等多个层面。借助自然语言处理和机器学习等先进技术，我们可以对海量的招聘文本进行深度解析，精准提取出雇主真正关心的核心技能和经验要求。这样一来，大学生在求职过程中就能更加明确地了解雇主的需求，从而有针对

性地提升自己的技能和经验，增加求职成功率。

其次，大数据结合丰富的历史数据与先进的趋势预测模型，能够生成更为科学合理的市场预判。这不仅可以展示哪些行业或职位在当前处于需求旺盛状态，更能揭示哪些技能或经验在未来可能受到市场的热烈追捧。这种前瞻性的分析为大学生规划自己的职业路径提供了宝贵的参考，使他们能够有针对性地提升技能，以更好地适应未来市场的需求。

最后，大数据还能深入揭示出就业市场的地域性和季节性变化规律。通过对比不同地区、不同时间段的就业数据，我们可以发现某些地区或时段可能存在更多的就业机会或更高的薪酬待遇。这种有价值的信息对于指导大学生在求职过程中做出更为明智的地点和时间选择至关重要，可以提高他们的求职成功率和就业满意度。

可见，大数据技术在市场需求与人才供给分析中的应用，为大学生就业提供了更加精准、科学的指导和帮助。这不仅有助于大学生更好地了解市场趋势和雇主需求，还能帮助他们制定出更加合理的职业规划，提高求职成功率，实现个人价值的最大化。

（二）职业发展机会与风险的全面揭示

在数字化时代，大数据的力量已经渗透到各个领域，尤其在揭示职业发展机会与风险方面展现出了其独特的价值。大数据不仅为我们提供了精准分析市场需求和人才供给的工具，更能通过一系列高级技术手段，诸如关联分析、趋势预测等，深入挖掘就业市场中的深层次信息和潜在规律。

首先，大数据通过对庞大的历史就业数据进行多维度的剖析，能够精准地揭示出新兴行业或职位的增长态势。以近年来火热的人工智能、大数据分析、云计算等领域为例，大数据准确地捕捉到了这些领域的就业需求呈现出井喷式的增长，为这些专业领域的大学生指明了方向，提供了前所未有的职业发展契机。大学生们可以更加前瞻性地规划自己的职业生涯，从而在激烈的就业竞争中抢占先机。

其次，大数据的敏锐洞察力也使其能够及时捕捉到就业市场中潜在的风险因素。这些风险可能源于行业的周期性调整、技术的更新换代、政策环境的变迁等多种复杂因素。例如，某些传统行业可能因市场饱和或技术替代而面临衰退的风险，而新兴技术也可能在技术的洪流中迅速被更迭。大数据的预警功能使得大学生们在职业规划时能够有意识地规避这些潜在风险，从而选择更加稳固和有前景的职业道路。

最后，大数据在个性化职业规划和就业指导方面也展现出了其独特的优势。通过对大学生的教育背景、个人兴趣、实习经历等多元信息进行全面分析，大数据能够为他们量身定制出更加贴合个人特质和职业规划需求的指导方案。这种高度个性化的指导方式不仅能够有效提升大学生的就业竞争力，更能帮助他们在职业生涯中找到真正适合自己的位置，实现个人价值的最大化，收获满满的成就感和自我价值实现的满足。

（三）个性化职业规划和就业指导的实现路径

为了向大学生提供更为精准、个性化的职业规划和就业指导，我们需要采取一系列全面而深入的创新措施，并付诸实践。

首先，构建一个多元化、全方位的综合数据资源池是至关重要的第一步。我们需要广泛搜集并整合来自招聘网站、社交媒体、教育机构以及政府部门等各类渠道的就业与创业相关数据。这个资源池不仅要覆盖传统的招聘信息、行业动态，还要囊括新兴领域的市场数据、技能需求以及未来职业趋势等信息，从而为后续的数据分析提供丰富、多元的信息基础。

其次，利用机器学习和数据分析技术，将对这些海量数据进行深度挖掘与智能化分析。目标是揭示各行业的发展趋势、职业发展路径以及市场需求的热点和盲点。通过这些分析，我们可以构建出预测模型，为大学生提供科学、前瞻性的职业规划建议。

接下来的关键是，设计并开发一套交互式的职业规划与就业指导工具。这些工具需要注重用户体验，具有直观、易用的操作界面和丰富的互动功能。同时，工具应根据用户的反馈和需求进行实时调整和优化，确保每位用户都能获得最符合自己实际情况的职业规划和就业指导。

此外，建立一个多方联动、协同合作的生态系统也至关重要。高校、企业、职业咨询机构以及政府相关部门应形成紧密的合作网络，通过资源共享、信息互通和协同工作，共同为大学生提供及时、精准的职业规划服务。这种合作模式不仅有助于提升服务的专业性和针对性，还能促进各方之间的良性互动和共同发展。

最后，我们需要持续关注市场动态和大学生需求的变化，不断进行服务创新与升级。这包括优化现有的职业规划工具和就业指导平台，引入新的分析模型和技术手段，以及拓展合作领域和方式等。通过这些措施，我们可以确保所提供的职业规划和就业指导服务始终保持前沿性和实用性，满足大学生不断变化的需求。

二、思想政治教育方法：引领新时代青年的价值追求

在新时代的浪潮下，青年一代作为国家的未来和希望，他们的思想动态、价值观念以及行为模式都深刻地影响着社会的进步和发展。因此，思想政治教育在这一时代背景下显得尤为重要，它不仅仅是知识的传递，更是对青年思想的引领和价值的塑造。

（一）思想政治教育与理想信念的树立

思想政治教育是大学生理想信念树立的重要基石，为了使其更加充实和完善，需要从多个维度入手，构建一个全方位、立体化的教育体系。

首先，在内容上，要深入挖掘中华民族的历史文化底蕴，结合国家发展的最新成果和社会现实的热点问题，为青年学生提供丰富的学习资源。通过历史学习，让他们深刻理解中华民族的传统美德和革命精神；通过认识国家发展，让他们切实感受到祖国的强大实力和美好未来；通过洞察社

会现实，培养他们独立思考和解决问题的能力。

其次，在形式上，要打破传统课堂的束缚，积极探索多元化的教育方式。例如，组织青年学生参加红色教育基地的学习活动，让他们在现场感受革命先烈的英勇事迹；开展以"理想照亮未来"为主题的演讲比赛或征文活动，以此激发青年学生的爱国热情和报国之志；利用新媒体平台，制作生动有趣的思想政治课程，吸引更多学生主动学习。

再次，在师资队伍建设上，应注重提升教师的思想政治素养和教学能力。通过定期培训和交流学习，让教师及时掌握最新的思想政治教育理念和教学方法，从而更好地引导学生树立正确的世界观、人生观和价值观。同时，也要鼓励教师关注学生的个性化需求，提供有针对性的辅导和支持，助力每个学生实现全面发展。

最后，在评价机制上，应建立科学全面的思想政治教育评价体系。不仅要注重学生的知识掌握情况，还要关注他们的思想动态和行为表现。通过定期的测评和反馈，及时发现并解决学生在思想政治学习中存在的问题，确保思想政治教育的实际效果。

（二）培养社会责任感与家国情怀

社会责任感与家国情怀是新时代青年不可或缺的精神品质。为了全面培育并深化这些品质，需要从多个维度进行系统的教育和引导。

首先，在认知教育方面，要为青年提供全面而深入的学习内容。通过精心设计的课程，引导青年深入了解社会问题的根源与影响，培养他们的社会洞察力和问题解决能力。同时，要注重传授中华优秀传统文化，让青年领悟其中的家国理念、道德规范和人文精神，从而增强他们的文化认同感和自豪感。此外，还应结合国家的历史与未来，为青年描绘一个宏伟的发展蓝图，激发他们的爱国热情与使命担当。

其次，在情感教育方面，要注重培养青年的家国情怀。通过举办主题班会、讲座、演讲比赛等丰富多样的活动，让青年围绕家国主题展开深入的思考与讨论，进一步激发他们的爱国情感。同时，利用重要节日和纪念日，组织青年参加庄严的升旗仪式、纪念活动等，让他们在实际行动中表达对祖国的热爱。此外，通过分享具有家国情怀的典范人物和事例，激励青年以他们为榜样，自觉将个人命运与国家命运紧密相连。

再次，在实践教育方面，要为青年提供丰富的社会实践机会。组织志愿服务、社会调研、环保行动等公益活动，让青年亲身参与社会实践，体验社会责任的重要性。这些活动不仅能够锻炼青年的组织协调能力、沟通能力和团队合作精神，还能够增强他们的社会责任感和公民意识。同时，鼓励青年将所学知识和技能应用于解决社会问题，培养他们的创新精神和实践能力。

最后，在环境营造方面，要为青年创造一个充满正能量的成长环境。学校、家庭和社会应形成合力，营造积极向上的氛围，注重培养青年的独立人格、批判思维和创新能力。同时，加强对青年的心理健康教育和人文关怀，帮助他们建立健全的人格和情感世界，从而更好地承担起社会责任和展现家国情怀。

（三）创新思想政治教育方法，提升教育实效

在新时代背景下，为了引领新时代青年树立正确的价值观并培养他们的全面发展，必须对思想政治教育方法进行深入且全面的创新。这种创新不仅应体现在教育形式的多样性上，更应贯穿于教育手段、教育内容以及教育环境的全方位改造中。

首先，教育形式的创新是提升思想政治教育吸引力的关键。除了传统的课堂讲授，我们还可以引入更多元化的活动形式，如主题演讲、辩论赛、情景剧表演等，让青年学生在参与中感受思想的碰撞和价值的传递。同时，结合青年的兴趣点，开展以文化、艺术、科技等为载体的教育活动，如文化沙龙、艺术展览、科技创新大赛等，让思想政治教育渗透到青年的日常生活中，提升教育的亲和力和感染力。

其次，教育手段的创新是提升思想政治教育实效性的重要途径。充分利用新媒体技术，打造线上思想政治教育平台，实现教育资源的共享和高效利用。通过制作高质量的在线课程、开展直播互动教学、利用虚拟现实技术进行沉浸式体验等方式，突破时间和空间的限制，为青年提供随时随地的学习机会。同时，借助大数据分析和人工智能技术，精准把握青年的学习需求和思想动态，为他们提供个性化的学习方案和指导，提升教育的针对性和实效性。

再次，教育内容的创新是提升思想政治教育内涵的必然要求。除了传授基本的理论知识和价值观念，还应注重培养青年的批判性思维、创新意识和实践能力。通过引入前沿的学术成果、社会热点问题和国际视野等内容，引导青年关注现实世界、思考人生意义，培养他们的全球意识和跨文化交流能力。同时，加强实践育人环节，组织丰富多彩的社会实践活动和志愿服务项目，让青年在亲身参与中了解国情、社情、民情，增强他们的社会责任感和家国情怀。

最后，教育环境的创新是提升思想政治教育整体氛围的重要保障。学校、家庭和社会应共同营造良好的教育环境，形成全员育人、全程育人、全方位育人的格局。学校应加强校园文化建设，打造积极向上的校园氛围；家庭应注重家风家教的培养，为青年树立良好的家庭榜样；社会应加强对青年的正面引导和关爱支持，为他们提供广阔的成长舞台。

（四）思想政治教育与新时代青年发展的相互促进

思想政治教育在新时代背景下，与青年发展之间形成了紧密的相互促进关系。这种关系不仅体现在对青年思想的引领上，更深入到对他们全面发展的推动中。

首先，思想政治教育为青年提供了坚实的思想基础。通过系统的理论学习和实践体验，青年能够树立正确的世界观、人生观和价值观，增强对国家和民族的认同感与责任感。这种思想基础的建立，为青年的全面发展奠定了坚实的基础。

其次，思想政治教育有助于青年提升综合素质。在多元化的新时代，青年需要具备批判性思维、创新能力、团队协作等多方面的素质才能应对各种挑战。思想政治教育通过丰富多样的教育方式和手段，激发青年的创新思维和团队协作能力，帮助他们在实践中不断提升自我。

同时，青年的全面发展也为思想政治教育注入了新的活力。新时代青年具有鲜明的时代特征和个性特点，他们思想活跃、求知欲强，对新鲜事物充满好奇。思想政治教育需要紧密结合青年的实际需求和兴趣点，不断创新教育内容和方式，以更好地吸引和感染青年。青年的全面发展为思想政治教育提供了源源不断的创新动力和实践经验。

最后，思想政治教育与新时代青年发展的相互促进还体现在对社会的贡献上。青年是国家的未来和民族的希望，他们的思想政治素质和综合能力直接影响着社会的进步和发展。通过思想政治教育与青年发展的紧密结合，可以培养出一批批有理想、有本领、有担当的新时代青年，为新时代的建设和发展贡献更多的青春智慧和力量。这种相互促进的关系不仅有助于青年个人价值，更能够推动整个社会的持续进步和繁荣发展。

三、协同创新路径：大数据与思想政治教育的深度融合

在新时代背景下，大数据技术的迅猛发展为社会各领域带来了前所未有的变革。思想政治教育同样需要与时俱进，积极探索与大数据技术深度融合的协同创新路径。将大数据研究方法与思想政治教育方法进行深度融合，通过数据挖掘、分析和应用，提升思想政治教育的针对性、实效性和创新性。

（一）构建数据驱动的思想政治教育新模式

随着大数据技术的迅猛发展，数据已经成为推动思想政治教育创新的

重要力量。构建数据驱动的思想政治教育新模式，意味着我们将充分利用数据资源，深入洞察大学生的思想动态，为教育决策提供科学依据，实现个性化、精准化的教育引导。

这一新模式的核心在于对数据的全面收集与深度分析。通过整合大学生的学习、生活、社交等多维度数据，我们能够描绘出更加立体、全面的学生画像。运用先进的数据挖掘技术，我们可以深入探索这些数据背后隐藏的规律和趋势，从而更准确地把握大学生的思想脉搏和价值取向。

实时监测与预警机制的建立，是这一新模式的重要组成部分。借助大数据的力量，我们可以对大学生的思想动态进行实时跟踪和监测，一旦发现异常波动或潜在风险，系统将立即发出预警信号，提醒教育者及时采取干预措施，确保大学生思想的健康稳定发展。

同时，数据驱动的思想政治教育新模式还强调教育内容的差异化和个性化。通过对大学生数据的深入分析，我们能够发现不同学生群体之间的独特性和差异性，进而根据他们的实际需求和兴趣偏好，为其量身定制更加贴合的教育内容和教学方法。这种个性化的教育策略，不仅能够激发学生的学习兴趣和积极性，还能够有效提升思想政治教育的针对性和实效性。

最后，这一新模式还注重教育效果的客观全面评估。通过收集和分析大学生在教育过程中的各种数据反馈，我们可以更加客观、全面地评价思想政治教育的实际效果。这种基于数据的评估方式，不仅能够帮助我们及时发现教育过程中存在的问题和不足，还能够为教育策略的持续改进和优化提供有力支撑。

（二）强化价值引领的数据素养教育

随着大数据技术的深入发展和普及应用，数据已经成为驱动社会进步的重要力量。在这个时代背景下，数据素养已经不仅是一种技术技能，更是一种综合能力和道德责任的体现。对于新时代的大学生而言，强化价值引领的数据素养教育不仅关乎个人职业发展，更涉及社会整体的数据安全、隐私保护以及伦理规范等深层次问题。

为了全面提升大学生的数据素养，思想政治教育必须肩负起这一时代使命，通过精心设计和实施系统性的数据素养教育方案，确保学生在掌握数据技能的同时，也能够深刻理解数据的价值内涵、伦理意义和隐私边界。

首先，在课程内容上，应全面融入数据素养的相关知识。这包括数据的基本概念、类型、来源以及采集、处理、分析和可视化等全流程技能。同时，还应深入剖析数据背后的价值逻辑、伦理原则和隐私风险，引导大学生形成正确的数据观念和使用习惯。通过丰富多样的案例分析和实践操作，让大学生在亲身体验中感受数据的魅力与挑战，从而更加深刻地理解数据素养的重要性。

其次，在教育方法上，应注重创新与实践相结合。除了传统的课堂讲授外，还应积极引入项目式学习、探究式学习等先进教育理念，鼓励大学生在实际项目中运用数据技能解决问题，提升他们的实践能力和创新思维。同时，通过组织数据竞赛、开展数据伦理辩论等活动，激发大学生的参与热情和学习动力，让他们在竞争中不断成长和进步。

此外，思想政治教育还应积极拓展数据素养教育的实践平台。通过与企业、科研机构等合作建立实训基地，为大学生提供更多接触真实数据、参与实际项目的机会。这不仅能够帮助他们积累实践经验、提升职业技能，还能够增强他们的社会责任感和使命感。同时，学校还应积极邀请行业专家、学者来校举办讲座或开设工作坊，为大学生提供最前沿的数据知识和实践经验分享，拓宽他们的视野和思路。

最后，为了确保数据素养教育的质量和效果，思想政治教育还应建立科学全面的评价体系。通过制定明确的评价标准、采用多元化的评价方式以及实施定期的评价反馈机制等措施，全面了解大学生的学习成果和存在问题，为后续的教学改进提供有力支持。同时，鼓励大学生进行自我评估和同伴互评，培养他们的自我反思能力和团队协作精神。

（三）打造线上线下相结合的互动教育平台

随着科技的飞速发展和教育理念的更新，线上线下相结合的互动教育平台已经成为新时代思想政治教育的重要载体。这一平台充分利用大数据技术的优势，为大学生提供了更加全面、深入且个性化的学习体验，实现了思想政治教育的创新与发展。

线上平台作为虚拟的学习空间，为大学生提供了极为丰富的学习资源。大学生可以随时随地访问平台，自主选择感兴趣的思想政治课程进行学习。这些课程结合了多媒体元素，如精彩视频、生动动画等，使得思想政治教育内容更加生动有趣，易于被大学生接受和理解。同时，线上平台还提供了实时互动功能，大学生可以通过在线讨论、提问等方式与老师和同学进行交流，及时解决其在学习中的困惑和问题。

线下平台则是线上教育的有力补充，为大学生提供了真实的实践环境。大学生可以通过参加专题讲座、实践项目等活动，亲身体验思想政治理论的魅力，加深对知识的理解和掌握。这些线下活动不仅锻炼了大学生的实践能力和团队协作能力，还培养了他们的社会责任感和公民意识。

更为重要的是，线上线下相结合的互动教育平台建立了完善的互动机制，实现了线上线下教育的无缝衔接。学生可以在线上完成理论知识的学习，然后线下进行实践操作和成果展示；也可以线下参与活动，线上进行心得分享和经验交流。这种互动机制能有效地促进学生、教师、学校之间的良性互动，营造积极向上的学习氛围。

此外，这一平台还充分利用大数据技术，对大学生的学习行为、兴趣爱好等进行分析和挖掘，为他们推荐更加精准的学习资源和活动。这不仅提高了大学生的学习效率和兴趣度，还实现了真正的个性化教育，让每个大学生都能在适合自己的学习道路上获得成长和进步。

第三节 实践融合

在大数据浪潮的推动下，大学生就业创业与思想政治教育的融合实践呈现出了前所未有的新气象。本节将从多个角度深入剖析典型案例，全面解读成功经验，以期为相关领域的创新发展提供更为丰富的思路和启示。

一、典型案例的深度剖析

（一）案例一：数据驱动打造个性化就业指导新典范

某知名高校近期实施了一项引人注目的个性化就业指导项目，充分展现了大数据在现代教育领域的独特魅力。该项目通过深入挖掘和分析高校毕业生的多维度信息，如就业意向、能力特长和兴趣爱好，为每位学生提供了量身定制的就业方案。

在项目的实施过程中，该高校运用了先进的大数据挖掘技术，对海量的学生数据进行了精细化处理。通过构建精准的个性化就业指导模型，学校能够更准确地把握每位学生的职业倾向和发展潜力，从而为他们提供更加贴合实际的就业建议。

此外，该项目还注重与企业和行业的紧密合作。通过与多家知名企业建立深度合作关系，学校不仅为学生提供了更多优质的实习和就业机会，还根据市场需求和行业动态及时调整就业方案，确保了学生职业规划的前瞻性和实用性。

值得一提的是，该高校还建立了一套完善的反馈机制，及时收集学生和用人单位的意见和建议。这些宝贵的信息不仅为学校优化就业指导模型提供了有力支持，还帮助学生更好地了解自己的职业定位和发展方向。

通过这一创新项目，该高校成功地将大数据技术与个性化就业指导相结合，为毕业生提供了更加精准、高效的职业发展服务。这一成功案例不仅为其他高校提供了有益的借鉴，也为整个教育行业注入了新的活力和思考方向。

（二）案例二：思想政治教育与创业教育的有机融合

某地区积极响应国家对创业教育的号召，并结合当地实际情况，创新性地将思想政治教育与创业教育进行深度融合。这种融合不是表面上的简单叠加，而是通过精心设计、周密策划的系列活动，实现两者在教育理念、教育内容和教育方式上的全面融合与提升。

在教育理念上，该地区明确提出了"以创业教育为载体，深化思想政治教育"的指导思想。这一思想强调了创业教育不仅是传授知识和技能的过程，更是培养学生创新精神、实践能力和社会责任感的重要途径。同时，思想政治教育也不是空洞的说教，而是要紧密结合学生的实际需求和时代特点，引导学生在创业实践中树立正确的世界观、人生观和价值观。

在教育内容上，该地区精心设计了涵盖创业理论知识、创业实践技能和思想政治教育元素的课程体系。创业理论知识方面，不仅包括了基础的创业概念、原理和方法，还引入了前沿的创业理念和实践案例，让学生全面了解创业的内涵和外延；创业实践技能方面，通过开设实训课程、组织创业竞赛和参与真实项目等方式，让学生在实践中提升创业能力；同时，思想政治教育元素被巧妙地融入这些课程中，引导学生在创业过程中坚守道德底线，承担社会责任。

在教育方式上，该地区采用了多元化、创新性的教学手段。例如，通过邀请成功企业家进校举办创业讲座，与学生分享创业经验和人生感悟，激发学生的学习热情和创业梦想。利用现代信息技术手段，如在线课程、虚拟实验室等，为学生提供更加丰富、便捷的学习资源和实践机会。此外，该地区还积极与企业、行业协会等合作，共建创业教育实践基地，为学生提供真实的创业环境和实战机会。

这种深度融合的做法取得了显著的成效。一方面，学生的创业意识、创业能力和创业精神得到了全面提升。他们在校期间就积极参与各种创业活动，提出富有创意的创业想法和方案，不少学生还成功创办了自己的企业。另一方面，思想政治教育也因此变得更加生动、具体和有感染力。学生在创业实践中深刻体会到社会责任感和道德约束的重要性，逐渐形成了积极向上、勇于担当的品质。

综上，该地区的思想政治教育与创业教育深度融合实践探索是一次成功的教育创新尝试。它不仅丰富了教育内容和形式，还提升了教育的针对性和实效性，为学生的全面发展奠定了坚实的基础。同时，这一成功经验也为其他地区开展相关教育工作提供了有益的借鉴和启示。

二、成功经验的多维解读

（一）数据驱动下的精准施策：智慧决策，助力大学生就业创业

在数字化浪潮的推动下，大数据技术已渗透到社会生活的方方面面，为各领域带来了翻天覆地的变化。在大学生就业创业领域，大数据的应用正成为我们精准把握学生需求、科学制定指导策略的重要工具。

通过深度挖掘和分析大学生的就业创业数据，我们能够洞察他们的职业倾向、技能短板、创业意愿以及行业趋势等关键信息。这些数据不仅为我们提供了丰富的个体和群体画像，还揭示了学生就业创业过程中的痛点和难点，为我们精准施策提供了有力的数据支撑。

在数据驱动的理念指导下，我们积极构建以大数据分析为核心的个性化就业指导体系和创业教育平台。通过整合多方资源，我们为每一位学生提供量身定制的就业建议和创业指导方案，帮助他们更好地规划职业生涯、提升就业竞争力。同时，我们还利用大数据技术对就业市场和创业环境进行实时监测和预测，为学生提供及时有效的行业信息和创业机会。

此外，大数据的应用还促进了教育决策的科学化和精准化。我们基于数据分析结果，调整和优化教育政策，确保教育资源更加合理地分配，以满足学生多样化的就业创业需求。这种以数据为驱动的教育决策模式，不仅提高了政策的针对性和实效性，还为我们探索教育创新、提升教育质量提供了新的思路和方法。

总之，大数据在大学生就业创业领域的应用正日益广泛和深入。我们将继续秉承数据驱动的理念，不断完善和优化就业指导体系和创业教育平台，为更多的大学生提供更加精准、个性化的服务，助力他们实现职业梦想和创业蓝图。

（二）就业创业服务的全方位平台支撑与优化

在当前教育背景下，构建功能完备、高效便捷的就业创业服务平台显得尤为重要。这些平台不仅为学生提供了多元化的信息获取途径，还深度整合了各类资源，为学生打造了一个集信息查询、线上咨询、职业规划及心理辅导等多功能于一体的综合性服务环境。

从信息获取的角度看，平台通过实时更新招聘信息、市场动态及创业政策，确保了信息的时效性和准确性。此外，还引入了在线课程和培训资源，帮助学生系统提升专业技能和综合素质，以更好地适应不断变化的市场需求。

在咨询服务方面，平台汇聚了行业内的资深专家和成功企业家，为学生提供个性化的职业规划建议、创业项目评估和心理疏导。这种一对一的服务模式不仅能够针对性地解决学生在就业创业过程中遇到的具体问题，还能帮助他们在职业发展的道路上建立更加明确的目标和方向。

同时，这些平台还充分运用了大数据和人工智能等先进技术，进行深度的用户行为分析和需求预测。通过这种方式，平台能够更精准地理解每一位学生的独特需求，从而提供更加个性化的服务内容和推荐。这不仅提升了服务效率，也使得每一位学生都能在平台上找到最适合自己的职业发展路径。

总的来说，这些就业创业服务平台的构建和优化，为学生提供了更加全面、高效、个性化的服务体验。它们不仅有效地促进了学生就业创业的成功率，还极大地推动了整个教育体系的持续发展和进步。

（三）秉持创新理念，深化思想政治教育与就业创业的全面融合

在推进思想政治教育与就业创业的实践融合中，创新理念是核心驱动力。这种创新不仅要求教育内容的持续更新，更需要在教育方式、手段以及评价体系上实现质的突破。

首先，教育内容的创新是思想政治教育与就业创业融合的基础。为了实现这一融合，需要紧密把握时代脉搏，深入洞察学生的成长需求，将新兴的就业创业理念，如创新思维、团队协作、社会责任感等，与思想政治教育课程相结合，使学生在学习理论知识的同时，也能接触到前沿的就业创业观念。此外，引入行业的前沿动态和实践案例也是关键。通过融入最新的行业发展趋势、技术创新案例以及创业成功故事，可以为学生构建一个更加真实、生动的学习环境。这种与时俱进的教育内容不仅能够帮助学生更好地理解理论知识，还能激发他们的学习兴趣和热情，促使他们更主动地参与到学习过程中。

其次，教育方式和手段的创新在实现思想政治教育与就业创业融合的过程中起着举足轻重的作用。为了更有效地推动这一融合，我们必须充分利用并发挥现代信息技术和新媒体平台的优势。这意味着，我们需要不断探索和实践线上线下有机结合的混合式教学模式，利用网络技术打破时空限制，为大学生提供更加灵活多样的学习路径。例如，通过录制高质量的在线课程、开展实时的网络讲座和讨论会，让学生随时随地参与到学习中来。同时，虚拟现实（VR）和增强现实（AR）技术的快速发展也为教育领域带来了革命性的变革。我们可以利用这些技术，创建沉浸式的虚拟现实模拟实训环境，让学生在虚拟的空间中进行实践操作，提升他们的动手

能力和问题解决能力。例如，在创业教育中，我们可以使用 VR 技术模拟真实的商业环境，让学生在虚拟的市场中体验创业的全过程，从而更深入地理解创业所面临的挑战和机遇。移动应用程序和社交媒体平台也是不容忽视的教育资源。通过这些平台，我们可以及时发布最新的教育资讯，引导学生参与在线讨论和互动，进一步增强他们的学习体验和参与感。这些创新手段不仅能够有效提升学生的学习积极性和参与度，更重要的是，它能帮助学生在互动体验中深化对知识的理解和应用，为他们的全面发展打下坚实的基础。

再次，积极拓展校外实践教学资源是深化思想政治教育与就业创业融合的重要一环。为了给学生提供更加真实、丰富的实践环境，高校需积极与企业、行业、社区等建立紧密合作关系，共同打造实践育人的广阔平台。通过校企合作、产学研结合等多元化模式，高校不仅将理论知识与实际操作相结合，更让学生在实践过程中亲身体验行业发展的脉搏，感受职场氛围。在校企合作方面，高校可与多家知名企业签订合作协议，共同设立实训基地，为学生提供实习实训、专业技能培训等机会。企业导师的亲身指导和实战经验分享，可使学生在实践中锤炼技能，提升职业素养，更好地适应未来职场的需求。在产学研结合方面，高校应鼓励教师带领学生参与真实项目研发，与企业合作开展技术攻关和成果转化。这种以问题为导向、以项目为载体的实践教学模式，不仅有利于培养学生的创新思维和解决问题的能力，还可促进学术研究与产业发展的紧密结合。高校通过与企业、行业、社区等的紧密合作，可成功打造立体化的实践育人体系，让学生在实践中感悟成长，在挑战中超越自我，为他们的全面发展奠定坚实基础。

最后，教育评价体系的创新是融合的保障。建立以能力为核心、以过程为重点、以多元评价为手段的新型教育评价体系。这一体系更加注重学生的综合素质和能力表现，能够全面、客观地反映学生的成长进步，为他们的个性化发展提供有力支持。

总之，秉持创新理念，深化思想政治教育与就业创业的全面融合，是培养新时代优秀人才的重要途径。通过不断创新和完善教育内容、方式、手段以及评价体系，我们能够为学生提供更加优质、全面的教育服务，助力他们成长为担当民族复兴大任的时代新人。

三、推广应用的深化建议

（一）强化数据思维，以数据智能塑造科学精准决策新范式

随着信息化与数字化的深入发展，数据已成为全球范围内驱动决策、创新发展的关键要素。为了响应这一时代变革，必须着重强化数据思维，以数据智能为核心，塑造科学精准决策的全新范式。

首要之务是构建一套健全而高效的数据收集与整合机制。借助多元化的数据源及尖端的数据采集技术，实时、全面地捕获各领域、各维度的数据信息。同时，运用数据仓库、云计算等先进平台，实现数据的无缝整合与高效管理，进而奠定坚实的数据基础。

在此基础上，深化数据分析能力至关重要。通过运用统计学原理、机器学习算法等分析工具和方法，对数据进行更为深入、精细的挖掘与解读。这不仅有助于发现数据间的潜在关联与深层规律，更能准确预测未来趋势，为决策提供更为科学、精准的依据。

然而，单纯的数据分析并不足以支撑科学决策，需要将数据智能与决策实践紧密结合，实现二者的无缝对接。通过数据可视化技术，将复杂数据以直观、易懂的形式呈现出来，帮助决策者迅速把握数据要点与内在逻辑。同时，利用数据模拟、风险评估等先进工具，对决策方案进行全方位、多维度的评估与优化，确保决策的科学性、精准性与前瞻性。

此外，为了持续推进数据智能与决策实践的深度融合，还需培养一支高素质、专业化的数据人才队伍。他们不仅需要具备精湛的数据分析技能，更要拥有敏锐的数据洞察力与创新的数据思维。这支队伍将成为推动

科学精准决策新范式不断发展的重要力量。

总之，通过强化数据思维、深化数据智能应用，我们能够塑造出一个以数据为核心、以科学精准为特点的全新决策范式。这一范式将引领我们走向一个更加智能、高效、科学的决策新时代，为全球范围内的创新与发展注入强大的动力。

（二）精益求精，打造全方位就业创业服务平台

为了向广大学生提供卓越的服务体验，我们必须秉持精益求精的态度，对就业创业服务平台的功能进行持续完善与升级。这一完善过程涉及信息资源的全面整合与实时更新、服务流程的深度优化以及用户体验的显著提升等多个关键环节。

在信息资源整合方面，我们将致力于打造一个全面、实时的就业创业信息数据库。通过与行业顶尖的招聘网站、企业信息库以及政府机构等建立长期稳定的合作关系，我们将确保平台能够持续获取并更新最新、最全面的就业岗位信息、市场动态数据以及创业政策解读，为学生提供一个便捷的信息获取渠道，帮助他们在纷繁复杂的市场环境中做出更加明智的职业规划和创业选择。

在服务流程优化层面，我们将深入挖掘现有流程中的瓶颈，并借助先进的人工智能和大数据分析技术，推动服务流程的自动化、智能化改造。例如，我们将引入智能推荐算法，根据学生的专业背景、技能特长和兴趣偏好，为其精准推送符合个人发展需求的就业机会和创业资源。同时，我们也将简化并优化在线申请、审核以及后续跟踪的流程，以降低学生在办理各类手续时的复杂性和时间成本，提升整体服务效率。

用户体验的提升是服务平台发展的核心目标。为此，我们将持续优化平台的界面设计、交互逻辑以及系统响应速度，确保用户在使用过程中能够享受到流畅、直观且友好的操作体验。同时，我们还将建立一套高效的用户反馈响应机制，积极倾听学生的声音，及时收集、分析和处理他们的

宝贵意见和建议。这将帮助我们更准确地把握学生的实际需求，从而提供更加贴心、个性化的就业创业服务。

（三）创新多维融合机制，全面塑造并激发持续发展的全新动力源泉

在当今这个全球化与技术革命交织的复杂时代背景下，实践多维度的融合已成为行业持续发展的核心驱动力。为了充分挖掘并激活这一新的增长引擎，我们必须对多维度的融合机制进行深入的研究和创新，以此来应对日益多变且复杂的挑战。

首要之务是冲破传统的行业界限和既定的思维模式，带着更为前瞻和开放的视角去探索新的合作可能性。我们应当寻求跨行业的整合与资源共享，以期在不同领域之间找到优势互补的路径，并实现协同式的创新，携手开辟新的市场机会和业务增长空间。

同时，构建一个既科学又具备激励机制的体系显得尤为重要。这需要我们首先设定清晰的目标方向，接着设计出既能平衡各方利益又能共同承担风险的方案，最后还要建立起一个公正、透明的绩效评估和奖惩系统。借助这些措施，我们可以充分调动每个参与者的热情、积极性和创造力，进而汇聚成一股推动融合发展的强大力量。

当然，我们不能忽视人才在实现融合创新中的核心作用。因此，我们需要在培养和引进那些具备深厚专业素养、创新思维和跨界融合技能的人才方面大力投入。为了吸引和留住这些宝贵的人才，我们应当提供多元化的职业发展平台、丰富的晋升机会以及一个鼓励创新的工作环境。这样，我们就能为融合机制的不断创新提供源源不断的智慧支持。

技术创新和应用也是推动融合发展的一个不可或缺的因素。我们需要时刻关注科技的最新进展，并积极地引入诸如云计算、大数据、人工智能等尖端技术，以提升融合过程的数字化和智能化水平。这将帮助我们提高效率、削减成本并优化用户体验，从而进一步拓展融合发展的范围和深度。

第五章　大数据视域下大学生就业创业与思想政治教育融合发展的挑战与对策

第一节　大数据视域下大学生就业创业与思想政治教育融合发展的挑战

在大数据的时代背景下，大学生就业创业与思想政治教育的融合发展不仅是一个教育创新的方向，更是一个复杂的系统工程。这个过程中，除了技术层面的挑战外，还涉及教育生态、文化观念以及实践操作等多个维度的难题。

一、教育生态的重构与适应

在大数据技术的浪潮下，传统教育生态正经历着深刻的变革。这种变革不仅影响了教育环境、教育资源分配与利用、教育模式和方法等核心要素，还对整个教育生态系统的可持续发展产生了深远影响。

（一）教育环境的重塑与挑战

随着大数据技术的广泛应用，教育环境正经历着深刻的变革和重塑。

这种变革不仅为学生提供了更为灵活多样的学习机会和体验，同时也对他们的自律性、自主学习能力以及教育者的技术能力提出了新的挑战和要求。

首先，大数据技术的引入打破了传统教育环境的时空限制。学生不再受制于固定的教室和课程安排，而是可以根据自己的需求和兴趣，随时随地进行在线学习。这种高度的灵活性和自主性不仅为学生提供了更多的学习选择，还使得他们能够根据自己的学习进度和能力进行个性化的学习安排。然而，这种分散式的学习环境也对学生的自律性和自主学习能力提出了更高要求。在缺乏面对面监督和指导的情况下，学生需要具备更强的自我驱动力和时间管理能力，才能保持持续、高效的学习状态。

为了应对这一挑战，教育者需要创新管理方式，建立更为灵活和有效的学习监督机制。他们可以利用在线学习平台的数据分析功能，实时跟踪学生的学习进度和表现，及时发现问题并提供个性化的反馈和指导。同时，教育者还可以通过设置明确的学习目标、提供丰富的学习资源和设计互动性的学习活动等方式，激发学生的学习兴趣和动力，培养他们的自主学习意识和能力。此外，教育者还可以利用大数据技术对学生的学习行为和习惯进行深入分析，以便为他们提供更加精准、个性化的学习建议和资源推荐。

其次，大数据技术的引入还催生了虚拟教育环境的快速兴起。借助虚拟现实、增强现实等先进技术手段，教育者可以为学生构建更加真实、沉浸式的学习场景。在这些场景中，学生可以通过与虚拟对象的互动来深入理解和掌握知识，提升学习效果和体验。例如，在历史课程中，教育者可以利用虚拟现实技术为学生重现历史事件的场景，让他们身临其境地感受历史的魅力和意义。这种虚拟教育环境的构建和应用不仅对教育者的技术能力提出了新的要求，还需要他们具备创新意识和跨学科整合的能力。

总之，大数据技术的引入为教育环境带来了深刻的变革和重塑。这种变革为学生提供了更为灵活多样的学习机会和体验，同时也对他们的自律性、自主学习能力以及教育者的技术能力提出了新的挑战和要求。为了充分利用这一技术的优势并应对相关挑战，教育者、学生以及整个教育系统需要共同努力和创新，构建更加适应时代需求的高效、创新、安全的教育环境。

（二）教育资源分配与利用的优化与困境

在大数据的时代浪潮中，高等院校迎来了教育资源分配与利用的全新机遇，同时也面临着前所未有的挑战。通过对海量学习数据的深入挖掘和分析，高等院校能够更精准地洞察学生的学习需求、进度与难点，进而为他们量身打造个性化的教学资源和学习路径。这种数据驱动的教学模式不仅显著提升了学生的学习成效，也使得教育资源的利用更加高效和精准。

然而，大数据的涌入也为高等院校带来了数据处理和分析的巨大压力。首先，海量的学习数据需要庞大的存储和计算能力进行支撑，这对于许多高等院校来说是一项巨大的投入。其次，数据的清洗、整合、分析和挖掘需要专业的技术和人才支持，这对于没有计算机专业的高等院校来说是一个不小的挑战。此外，随着数据类型的不断增多和复杂性的提升，如何有效地提取和利用数据中的有价值信息也成了高等院校面临的一大难题。

更为棘手的是，大数据驱动的决策可能引发教育不公平问题。一方面，优质的教学资源可能会更加集中地分配给那些能够产生更多、更高质量数据的学生，这无形中加剧了教育资源的不均衡分配。另一方面，如果数据分析存在偏见或误导，那么基于这些数据的决策可能会进一步加剧教育的不公平。因此，高等院校在运用大数据技术进行资源分配时，必须充分考虑公平性因素，确保所有学生都能获得均等的教育机会和资源。

为了应对这些挑战和困境，高等院校正在采取一系列措施。首先，许多高等院校开始积极引进先进的数据处理和分析技术，以提升自身的数据管理能力。他们与科技公司、研究机构等建立合作关系，共同研发适合教育领域的数据分析工具和平台。同时，高等院校也加强了对内部人员的培训和发展支持，帮助他们掌握大数据技术并将其应用于教学和管理工作中。其次，高等院校正在努力推动教育资源的开放共享和协作创新。他们与其他高等院校、研究机构、企业等建立紧密的合作关系，共同开发和共享优质的教学资源和学习平台。通过打破资源壁垒、实现资源的互补和互利共赢，高等院校能够为学生提供更加丰富多样的学习选择和发展机会。此外，高等院校还积极参与国际交流与合作，借鉴其他国家和地区的成功经验，共同推动全球教育的发展与进步。此外，高等院校还在努力提升学生的数据素养和创新能力。他们认识到，在大数据时代，培养学生的数据分析和解决问题的能力至关重要。因此，高等院校纷纷开设相关的课程和实践项目，帮助学生理解和利用数据，培养学生的数据思维和创新能力。同时，高等院校也鼓励教师将大数据技术应用于教学中，创新教学方式方法，提高教学效果和学生的学习体验。

政府和社会各界也在积极行动，以支持高等院校应对大数据带来的挑战。政府出台了一系列政策和法规，规范数据的收集、存储和使用行为，保护学生的隐私和数据安全。同时，政府还加大了对高等院校的投入和支持力度，推动教育信息化建设和发展。社会各界则通过提供资金支持、技术合作等方式与高等院校共同推动教育资源的优化分配和利用。一些公益组织还致力于推动教育数据的开放共享和标准化建设，为高等院校之间的数据交流和合作提供便利。

总体来说，大数据技术为高等院校的教育资源分配与利用带来了前所未有的机遇和挑战。面对这些机遇和挑战，高等院校需要保持清醒的头脑和审慎的态度，充分发挥大数据技术的潜力，为培养更多优秀人才和推动社会进步作出更大的贡献。同时，政府和社会各界也应继续加大对高等院校的支持力度，共同推动教育事业的持续健康发展。

（三）教育模式与方法的创新与融合

在大数据技术的浪潮中，教育领域正经历着一场前所未有的创新与变革。传统的教育模式和方法正逐渐被打破，取而代之的是一系列以学生为中心、数据驱动的新型教育模式和方法。这些新模式和方法不仅为学生提供了更加丰富、多样的学习体验，也在推动着教育理念和教学方法的深刻转变。

个性化学习是大数据技术与教育相结合的重要成果之一。通过对学生的学习行为、兴趣爱好、能力特长等数据进行全面分析，教育者能够精准地了解每个学生的学习需求和特点，进而为他们提供定制化的学习资源和学习方案。这种学习模式不仅有助于激发学生的学习兴趣和动力，提高他们的学习效果，还能够培养学生的自主学习能力和创新精神。同时，教育者也可以根据学生的学习数据及时调整教学策略和内容，使教学更加具有针对性和实效性。

翻转课堂则是大数据技术支持下的一种颠覆性教学模式。在这种模式下，学生可以在课前通过在线平台预习相关知识点，完成一些基础性的学习任务，而课堂时间则主要用于讨论、实践和解决深层次的问题。这种教学模式不仅提高了课堂的互动性和学生的参与度，也有助于培养学生的批判性思维和问题解决能力。同时，教育者可以通过对学生的学习数据进行分析，了解学生在预习和课堂学习中的难点和疑惑，进而进行有针对性的指导和讲解。

在线协作是大数据技术为教育带来的又一重要创新。通过在线平台，学生可以跨越时空限制，与来自不同地域、不同背景的同学进行实时交流和合作。这种协作方式不仅有助于拓宽学生的视野和思路，培养他们的团队协作精神和沟通能力，还能够促进知识的共享和创新。同时，教育者可以通过在线平台实时跟踪学生的协作进度和成果，及时给予指导和反馈，确保协作学习的效果和质量。

然而，这些新型教育模式和方法的推广与应用也面临着一些挑战和困难。首先，教育者需要不断更新自己的知识结构和教学理念，以适应新技术带来的变化。他们需要掌握大数据技术的基本原理和应用方法，了解新型教育模式和方法的特点和优势，才能够将其有效地应用于实际教学中。其次，教育机构需要加强与技术开发商的合作与交流，共同推动教育技术的创新与发展。他们需要与技术开发商紧密合作，共同研发适合教育领域的大数据技术和工具，为教育者提供有力的技术支持和保障。

为了充分发挥这些新型教育模式和方法的优势，教育机构可以采取一系列措施。首先，加大对教育者的培训力度，帮助他们掌握新技术和教学理念。可以组织定期的培训和研讨会，邀请专家学者和优秀教育者分享经验和案例，促进教育者之间的交流和学习。其次，积极引进和开发适合教育领域的大数据技术和工具，为教育者提供便捷、高效的技术支持。可以与技术开发商合作，共同研发适合教育领域的大数据平台和应用程序，方便教育者进行数据分析和教学管理。同时，鼓励教育者之间开展交流与合作，共同探索新型教育模式和方法的应用策略与实践经验。可以建立教育者社群或论坛，为他们提供一个交流思想、分享经验的平台。最后，建立完善的评估机制，对新型教育模式和方法的应用效果进行定期评估和总结。可以通过收集学生的学习数据、教育者的教学反馈等方式，对新型教育模式和方法的应用效果进行全面评估和分析，以便及时调整和优化教学策略和方法。

总之，大数据技术的引入为教育领域带来了前所未有的机遇和挑战。通过不断创新和融合新型教育模式和方法，我们可以为学生提供更加丰富多样的学习体验，推动教育事业的持续健康发展。同时，教育者也需要保持清醒的头脑和审慎的态度，充分发挥大数据技术的潜力，为培养更多优秀人才作出更大的贡献。在这个过程中，教育机构、技术开发商、教育者以及社会各界都需要共同努力和协作，共同推动教育领域的创新与发展。

（四）教育生态系统的可持续发展

在数字化浪潮的推动下，大数据技术正成为引领教育生态系统转型升级的关键力量。从全新的视角审视，不难发现，大数据不仅在教育资源、教学方式和管理模式上带来了颠覆性的变革，更在深层次上为教育生态系统的可持续发展注入了强劲动力。

首先，大数据技术促进教育资源的共享与利用。在传统教育模式下，优质教育资源往往受限于地域和机构，难以实现广泛共享。而大数据技术的引入，打破了这一束缚。通过搭建教育资源共享平台，利用大数据进行资源的智能匹配与推荐，不同地区的学校和教育机构得以更加便捷地获取和利用优质教育资源。这不仅丰富了教育内容，更在一定程度上促进了教育公平。

其次，大数据技术完善教学方式的创新与个性化。随着大数据技术的深入应用，教学方式正迎来前所未有的创新。基于对学生学习数据的精准分析，教育者能够更有针对性地设计教学内容和策略，实现个性化的教学辅导。同时，借助有大数据支持的在线教育平台，学生可以随时随地进行自主学习，灵活选择学习路径。这种教学方式的变革，不仅提升了教学效果，也充分激发了学生的学习热情和创造力。

再次，大数据为高效教育管理和决策提供支持。大数据技术在教育管理领域的应用同样展现出巨大的潜力。通过对教育过程中产生的海量数据进行挖掘和分析，教育机构能够更加准确地把握教育现状和发展趋势，为教育政策制定提供科学依据。同时，利用大数据进行教育资源的优化配置和绩效评估，有助于提高管理效率和服务质量。这种基于数据的决策支持模式，为教育生态系统的稳健发展提供了有力保障。

最后，大数据技术引领教育生态的未来发展方向。展望未来，大数据技术将持续引领教育生态系统向更加智能化、个性化和全球化的方向发展。随着技术的不断进步和应用场景的不断拓展，我们有理由相信，大数据技术将在教育资源优化、教学方式创新、教育管理决策等多个方面发挥更加重要的作用。同时，这也需要我们不断地探索和实践，以充分发挥大数据技术在推动教育生态系统可持续发展中的潜力。

二、文化观念的冲突与融合

随着大数据技术的深入应用，教育领域正经历着一场前所未有的变革。在这场变革中，文化观念的冲突与融合成了一个不可忽视的重要问题。特别是在思想政治教育领域，大数据技术的引入不仅改变了教育的方式和手段，更在深层次上引发了教育理念和价值观的碰撞与融合。

（一）传统思想政治教育中的文化观念

在传统思想政治教育中，文化观念蕴含着深厚的历史底蕴和丰富的精神内涵，以普遍性原则和集体主义精神为两大核心，构建了一个稳固而独特的价值体系。这一体系深深植根于中华民族的文化传统，在思想政治教育领域发挥着至关重要的作用。

普遍性原则，作为这一价值体系的基石之一，其倡导的统一性、规范性和共性，如同一种强大的精神纽带，将个体紧密地联结。这种原则倡导人们遵循普遍认可的标准和规范，在思想和行为上保持一致性和协同性，有助于维护社会秩序，保障公共利益，并在无形中塑造个体对集体和社会的深刻认同感。在普遍性原则的指引下，个体能够更好地融入集体，为社会的和谐稳定贡献力量。

集体主义精神则是传统思想政治教育中另一不可或缺的文化观念。它强调个体与集体的紧密联系，鼓励个体为了集体的利益主动放弃个人的利益，以追求整体的繁荣与进步。这种精神不仅体现了中华民族的传统美德，在思想政治教育中也占据着举足轻重的地位。集体主义精神能够激发人们的团结协作意识，增强社会的凝聚力和向心力，为社会的稳定和持续发展注入强大的动力。

在传统思想政治教育中，普遍性原则和集体主义精神共同构成了其丰富而深邃的文化观念内核，相互补充、相互支撑，共同塑造个体的思想道德品质，并引领社会的价值导向。这些传统价值观在历史长河中经受住了时间的考验，成为中华民族精神的重要组成部分。

然而，时代在进步，社会在发展，在继承优秀传统价值观的基础上，还需要结合新的历史条件和时代需求，不断对其进行丰富、完善和创新，以确保思想政治教育始终保持与时俱进，为社会的持续进步和个体的全面发展提供坚实的文化支撑。同时，也应积极探索如何将这些传统价值观与现代教育理念相结合，培养出既具有传统文化底蕴又具备现代思维的新一代青年。

（二）大数据技术带来的文化观念变革

大数据技术的广泛应用，不仅体现了技术进步，更从根本上触动了社会的文化根基，引领了一场深刻文化观念变革。在教育领域，这场变革尤为突出，它重塑了对教育本质、个体价值及数据意义的认知。

大数据技术为教育领域带来了个性化教育原则的实质性落地。长久以来，尽管始终强调因材施教的理念，但在实际操作中往往受限于资源和技术，难以真正实现个性化教育。大数据技术的出现打破了这一僵局，通过精确捕捉学生的学习轨迹、分析学生学习行为模式，可以为每位学生绘制独一无二的学习画像。教育者能够基于这些详尽的数据，为学生提供量身定制的学习路径和资源，从而真正实现教育的个性化与精准化。这种教育模式不仅提升了学生的学习效率，更进一步激发了他们的潜能和创新精神。

此外，大数据技术催生了一种全新的数据文化观念，正逐渐渗透到教育领域的各个层面。在大数据时代，数据不再仅仅是数字和图表，而是成了一种富有生命力的资源。通过数据的挖掘和分析，能够洞察教育现象背后的本质规律，预测未来趋势，从而作出更科学、更精准的决策。数据文化也强调数据的开放共享和跨界融合，鼓励不同领域通过数据交换推动创新，共同促进教育的进步和发展。这种以数据为纽带的教育生态体系的构建，有助于提升教育的整体质量和效率，同时也在潜移默化中培养了学生的数据意识和素养。

可见，大数据技术正引领着教育领域的文化观念变革。这场变革以个性化原则为基石，以数据文化观念为纽带，共同推动着教育向更加科学、精准和高效的方向发展。在大数据技术的持续赋能下，未来的教育将更加贴合学生的实际需求、注重培养学生的综合素养和创新能力，展现出更加开放包容和跨界融合的特点。

（三）文化观念的冲突与融合问题

在大数据时代背景下，思想政治教育面临着前所未有的挑战，尤其是文化观念的冲突与融合问题。大数据技术的引入，凸显了个性化原则和个体主义精神，这与传统思想政治教育中的普遍性原则和集体主义精神产生了明显的张力。如何在尊重个体差异的同时，维护集体主义的价值观？如何在追求个性化的教育过程中，坚守普遍性原则的底线？这些成为大数据与思想政治教育融合发展中必须深思的问题。为了解决这些问题，需要采取一系列针对性的措施。首先，教育者必须转变传统的教育观念，深刻认识到大数据技术所带来的教育变革。他们应积极拥抱新技术，探索大数据在思想政治教育中的创新应用，而不是固守成规，抵触变革。

其次，提升教育者的专业素养和数据分析能力至关重要。大数据技术不仅仅是一种工具，更是一种新的思维方式。教育者需要通过专业培训和实践锻炼，掌握大数据技术的核心原理和应用方法，以便更好地将其融入思想政治教育实践中。

再次，培养学生的自主学习能力和创新精神也不容忽视。在大数据技术的支持下，学生可以获得更加丰富的学习资源和个性化的学习路径。教育者应鼓励学生积极探索、勇于创新，培养他们的独立思考能力和解决问题的能力。

最后，建立完善的教育评价体系和监管机制也是确保大数据技术在思想政治教育中合理应用的关键。评价体系应更加注重学生的全面发展，而不仅仅是知识技能的掌握。监管机制则应确保大数据技术的使用符合法律法规和伦理规范，保护学生的隐私和数据安全。

总之，大数据技术的应用确实引发了传统思想政治教育文化观念的冲突与融合问题。然而，通过转变教育观念、提升专业素养、培养学生能力以及完善评价体系和监管机制等措施，我们可以有效应对这些问题，推动大数据技术与思想政治教育的深度融合发展，培养出既符合社会要求又具备个性化特质的优秀人才。

三、实践操作的复杂性与不确定性

在大学生就业创业和思想政治教育领域，大数据技术的应用无疑开辟了新的视野和可能性。然而，与此同时，它也带来了前所未有的实践操作复杂性和不确定性。这些挑战主要体现在数据的收集处理、分析解读以及应用利用等多个环节。

（一）数据收集处理的复杂性

在大数据时代，数据收集处理不仅是获取信息的关键环节，更是一项极具挑战性的任务。其复杂性体现在多个层面，包括数据来源的多样性、数据格式的混乱与不一致性、数据质量的参差不齐、隐私保护的严格要求以及数据规模的庞大和处理速度的高要求等。

首先，数据来源的多样性带来了数据整合的难题。如今，大学生的在线行为数据广泛分布于社交媒体、在线教育平台、校园管理系统等多个渠道。这些平台各自采用不同的数据格式、存储方式和命名规则，导致在整合数据时需要进行大量的数据清洗、格式转换和命名标准化工作。这不仅增加了数据处理的难度，还可能因数据转换过程中的误差而影响数据的准确性。

其次，数据格式的混乱和不一致性进一步加剧了数据处理的复杂性。由于不同平台的数据格式各异，如结构化数据、半结构化数据和非结构化数据并存，使得在统一处理这些数据时需要采用复杂的数据解析和转换技术。同时，数据的不一致性还可能导致在数据分析过程中出现数据矛盾或重复计算等问题，从而影响分析结果的可靠性。

再次，数据质量的参差不齐也是数据处理过程中的一大挑战。大数据中往往包含大量的噪声数据、无关信息和错误数据，这些因素都会对数据分析的结果造成干扰。为了提高数据质量，需要在数据预处理阶段进行去噪、去重、异常值检测等操作，以确保数据的准确性和有效性。然而，这些操作通常需要借助复杂的算法和大量的计算资源来完成，进一步增加了数据处理的难度和成本。

最后，数据规模的庞大和处理速度的高要求也为数据收集处理带来了巨大的挑战。随着大数据技术的不断发展，需要处理的数据量呈现爆炸式增长，对数据存储、管理和处理的速度都提出了更高的要求。为了满足这些要求，需要采用高性能的计算资源、分布式存储技术和并行处理算法等手段来提高数据处理的效率和准确性。同时，还需要不断优化数据处理流程，提高数据处理人员的技能水平，以应对日益增长的数据处理需求。

（二）数据分析解读的不确定性

数据分析解读是大数据应用流程中的关键环节，它涉及从海量数据中提取有用信息、揭示潜在规律并为决策提供支持。然而，这一过程并非总是确定无疑，而是深受多种不确定性的困扰，这些不确定性可能来源于数据本身、分析方法、解读角度以及外部环境等多个方面。

首先，数据本身的不确定性对数据分析解读构成重大挑战。在大数环境下，数据来源的多样性和复杂性使得数据质量参差不齐。数据可能存在缺失、异常、重复或不一致等问题，这些问题会直接影响数据的准确性和可靠性，进而对后续的数据分析解读造成误导。例如，在教育领域，学生的在线学习数据可能因设备故障、网络延迟或操作失误而产生异常值，这些异常值若未经妥善处理便直接用于分析，很可能导致对学生学习状态的误判。

其次，数据分析方法的不确定性也是一个重要因素。当前，数据分析领域涌现出众多方法和算法，每种方法都有其独特的优势和局限性。在实际应用中，选择合适的方法对于确保分析结果的准确性至关重要。然而，方法的选择往往受到数据特性、分析目的以及分析师经验等多种因素的影响，因此具有很大的不确定性。不同的方法可能导致截然不同的分析结果，从而增加解读的难度和不确定性。

再次，解读角度的不确定性也为数据分析解读带来了挑战。大数据的复杂性和多维性使得同一组数据可以从多个角度进行解读，每个角度都可能揭示出不同的信息和规律。这种多角度的解读虽然丰富了数据的内涵，但同时也增加了结果的不确定性。分析师需要根据具体情境和需求来选择合适的解读角度，以确保分析结果的针对性和有效性。

最后，外部环境的不确定性也可能对数据分析解读产生影响。政策调整、市场变化、技术进步等外部因素都可能导致数据分布和规律的改变，从而影响分析结果的时效性和适用性。例如，在教育领域，教育政策的调整可能引发学生学习行为的变化，进而改变在线学习数据的特征和趋势。如果分析师未能及时捕捉到这些外部变化并据此调整分析策略，那么所得出的结论可能与实际情况存在较大偏差。

为了降低数据分析解读的不确定性并提高其准确性和可信度，可以从以下几个方面入手：加强数据清洗和预处理工作，以提高数据质量；根据具体需求和数据特性选择合适的数据分析方法；建立多元化的解读机制，从多个角度对数据进行分析和解读；同时密切关注外部环境的变化，及时调整分析策略以适应新的情况。通过这些措施的实施，可以更好地应对数据分析解读中的不确定性挑战，并挖掘出大数据中的潜在价值。

（三）数据应用利用的挑战性

在大数据应用的过程中，将数据分析结果有效地应用于实际教育场景是一项复杂而具有挑战性的任务。这不仅仅涉及技术层面的问题，更关乎教育理念、决策机制以及资源分配等多个方面。

首先，教育决策者对数据分析结果的接受度和理解度是一个重要的挑战。由于传统教育理念和方法的影响，部分教育决策者可能对新兴的大数据技术持怀疑态度，或者难以理解和接受数据分析所揭示的教育现象和趋势。这导致了数据分析结果与实际教育决策之间的鸿沟，阻碍了大数据在教育领域的深入应用。为了克服这一挑战，我们需要加强对教育决策者的培训和引导，提高他们的数据意识和能力，使他们能够更好地理解和运用数据分析结果。

其次，即使教育决策者接受了数据分析结果，但将其转化为具体的教育策略和行动仍然面临诸多困难。一方面，新的教育策略可能需要大量的资源投入，包括资金、人力和时间等，这对于许多教育机构来说是一个不小的负担。另一方面，教育系统的复杂性和多样性也使得新的教育策略在实施过程中可能遇到各种预料之外的困难和阻力。例如，不同地区的教育需求和资源状况可能存在较大差异，这要求我们在制订和实施新的教育策略时需要充分考虑这些因素，确保策略的有效性和可行性。

最后，大数据应用还面临着技术和隐私方面的挑战。一方面，大数据技术本身在不断发展和演变，如何选择和运用合适的技术工具进行数据分析是一个需要不断学习和探索的过程。另一方面，随着大数据应用的深入，数据安全和隐私保护问题也日益凸显。如何在确保数据质量和可用性的同时保护个人隐私和数据安全是我们必须面对和解决的难题。

四、教育资源与技术的匹配问题

大数据技术的应用需要大量的教育资源和技术支持，包括硬件设备、软件工具、专业人才等。然而，在现实中，很多教育机构可能缺乏这些资源和技术，或者即使有这些资源和技术，也不知道如何有效地利用它们来支持大数据的应用。这种教育资源与技术的匹配问题，不仅影响了大数据的应用效果，也可能导致教育资源的浪费和技术的闲置。因此，如何合理地配置和利用教育资源和技术，以支持大数据在就业创业和思想政治教育中的应用和发展，是一个亟待解决的问题。

（一）硬件设备的需求与配置

在大数据时代，教育机构对硬件设备的需求与配置，不仅关乎技术应用的效能，更与机构的长远发展战略紧密相连。从这个角度来看，合理的硬件设备投入是提升大数据应用能力、推动教育机构持续发展的关键。

首先，从大数据应用效能的角度考虑，高性能的硬件设备能够显著提升数据处理的速度和准确性。在教育领域，这意味着教育机构能够更快地获取、分析学生的学习数据，为教师提供更精准的教学反馈，从而帮助教师及时调整教学策略，提高教育质量。同时，高效的硬件设备还能够支持更复杂的数据挖掘和算法应用，帮助教育机构发现隐藏在海量数据中的有价值信息，为教学改进和决策提供科学依据。

其次，从教育机构发展战略的角度来看，对硬件设备的投入也是一项重要的长期投资。随着大数据技术的不断发展和普及，其在教育领域的应用也将越来越广泛。对于教育机构来说，现在投入高性能的硬件设备，不仅是为了满足当前的大数据应用需求，更是为了在未来的竞争中占据有利地位。通过提前布局、积累技术优势，教育机构能够在激烈的市场竞争中脱颖而出，实现可持续发展。

因此，教育机构在配置硬件设备时，需要从大数据应用效能和机构发展战略两个角度进行综合考虑。一方面，要确保所采购的硬件设备能够满足当前及未来一段时间内的大数据应用需求，提升数据处理和分析的能力；另一方面，也要将硬件设备的投入与机构的整体发展战略相结合，使之成为推动机构发展的重要力量。通过这样的配置策略，教育机构不仅能够充分发挥大数据技术的潜力，还能够为自身的长远发展奠定坚实基础。

（二）软件工具的选择与更新

在大数据处理和分析领域，软件工具的选择与更新是确保数据处理效率、准确性和安全性的关键环节。随着技术的不断进步和市场需求的不断变化，软件工具的种类和功能也在日益丰富。对于教育机构来说，如何从这些琳琅满目的软件工具中选择出最适合自己的，并及时更新以保持其先进性和有效性，成为一个亟待解决的问题。

1.软件工具的选择

（1）深入理解需求与目标

在选择软件工具之前，教育机构需要深入理解自身的数据处理和分析需求。这包括明确数据的来源、类型、规模以及处理和分析的具体目标。只有对这些需求有了清晰的认识，才能有针对性地寻找合适的软件工具。

（2）全面市场调研与对比分析

在选择软件工具时，进行全面的市场调研是必不可少的步骤。教育机构需要了解市场上各种软件工具的功能特性、性能表现、易用性、兼容性、安全性以及价格等方面的信息。此外，还需要关注用户评价和使用经验分享，以便从多个角度对软件工具进行评估。通过对比分析，教育机构可以筛选出几款最符合自身需求的候选软件工具。

（3）实际试用与综合评估

为了更准确地评估候选软件工具的适用性和性能表现，教育机构可以进行实际试用。在试用过程中，需要关注软件的安装与配置便捷性、界面友好性、功能完备性、运行稳定性以及响应速度等方面的表现。同时，还可以结合具体的数据处理和分析任务进行测试，以验证软件的实际效果。通过综合评估，教育机构可以最终确定最适合自己的软件工具。

2. 软件工具的更新

（1）持续关注技术动态与市场趋势

大数据技术发展迅速，新的软件工具和技术不断涌现。为了保持竞争力并满足不断变化的市场需求，教育机构需要持续关注技术动态和市场趋势。这包括关注行业新闻、参加技术研讨会、与专业人士交流等，以便及时了解并掌握最新的软件工具和技术发展方向。

（2）定期评估现有软件工具

为了确保所使用的软件工具始终保持最佳状态，教育机构需要定期对其进行评估。评估的内容包括软件的功能满足度、性能表现、安全性、易用性以及维护成本等方面。通过评估，可以及时发现软件工具存在的问题和不足，从而为后续的更新或替换提供依据。

（3）制订更新计划与实施方案

根据评估结果和市场趋势，教育机构需要制订相应的软件更新计划。这包括确定更新的时间节点、更新的内容以及更新的方式等。同时，还需要制订详细的实施方案，包括数据备份与恢复、新版本软件的安装与配置、用户培训与支持等方面。通过周密的计划和实施方案，可以确保软件更新的顺利进行，并最大限度地降低更新风险和对业务的影响。

（4）强化团队培训与技术支持

软件工具的更新往往伴随着新功能和新技术的引入。为了确保团队成员能够熟练掌握这些新功能和技术，教育机构需要加强团队培训和技术支持。这包括组织定期的培训课程、提供在线学习资源、建立技术支持团队或寻求外部专家的帮助等。通过强化培训和技术支持，可以提升团队成员的技能水平，从而更好地发挥新软件工具的优势和效能。

（三）专业人才的引进与培养

在大数据技术的蓬勃发展下，专业人才的引进与培养显得尤为重要。人才是推动大数据应用和发展的核心力量，他们不仅需要具备扎实的专业知识，还要有丰富的实践经验和不断学习的能力。

首先，专业人才的引进是快速提升大数据技术应用水平的关键。由于大数据技术的专业性和前沿性，教育机构往往难以在短时间内自行培养出足够数量的高素质人才。因此，通过引进外部优秀人才，特别是那些已经在大数据领域取得显著成果的人才，可以迅速提升教育机构的大数据技术应用能力。在引进人才时，教育机构应重点考察人才的技术能力、项目经验和创新思维，确保引进的人才能够真正为机构的大数据技术发展作出贡献。

其次，专业人才的培养是长远发展的基石。除了引进外部人才，教育机构还需要注重内部人才的培养。通过制订完善的培训计划，为人才提供系统的技术培训和职业发展指导，帮助他们不断提升自身的技能水平和专业素养。同时，教育机构还应鼓励人才参与实际项目实践，通过实践锻炼他们的实际操作能力和解决问题的能力。此外，为了激发人才的学习热情和创新精神，教育机构还可以定期组织技术竞赛、创新项目评选等活动，为人才提供展示自我和实现价值的平台。

在专业人才的培养过程中，教育机构还需要注重与产业的深度融合。通过与产业界建立紧密的合作关系，了解最新的技术动态和市场需求，确保培养的人才能够符合产业发展的需要。同时，教育机构还可以与产业界共同开展研发项目、人才培养计划等，促进产学研的深度融合，推动大数据技术的创新和应用。

最后，教育机构应建立完善的人才激励机制。通过提供具有竞争力的薪资待遇、良好的职业发展前景、丰富的团队文化等，吸引和留住优秀的大数据专业人才。同时，教育机构还应关注人才的个人成长和职业规划，为他们提供个性化的职业发展指导和支持，帮助他们实现自我价值的同时，也为机构的大数据技术发展贡献更大的力量。

（四）技术应用策略的制订与实施

技术应用策略的制订和实施也至关重要。教育机构需要根据自身的实际情况和需求，制订合理的大数据技术应用策略。这包括明确应用目标、确定实施步骤、制订预期效果等。通过制订科学合理的技术应用策略，教育机构可以确保大数据技术的应用能够真正提升教育质量和效率，避免资源浪费和技术闲置的问题。同时，教育机构还需要在实施过程中不断总结经验，持续改进和优化技术应用策略，以适应不断变化的市场需求和技术发展趋势。

第一，明确技术应用的教育价值与定位。教育机构需要深入剖析大数据技术在教育领域的潜在价值，明确其对于提升教学质量、优化管理流程、增强服务体验等方面的具体作用。同时，结合机构自身的教育理念和发展定位，确定大数据技术在实现机构长远目标中的战略地位，从而为整个策略的制订奠定坚实的基础。

第二，建立跨部门的协同合作与信息共享机制。大数据技术的应用涉及教学、管理、服务等多个环节，需要各个部门之间的紧密配合与高效协同。因此，建立跨部门的工作小组或委员会，明确各部门的职责与分工，形成定期沟通、信息共享的工作机制至关重要。通过搭建统一的数据平台或信息中心，实现数据的实时更新与共享，确保各部门能够及时获取所需数据，为决策提供支持。

第三，构建多层次、立体化的人才队伍体系。大数据技术的应用需要具备相关知识和技能的专业人才作为支撑。教育机构应通过多渠道引进和培养人才，构建多层次、立体化的人才队伍体系。一方面，积极招聘具有大数据背景或相关经验的优秀人才，为团队注入新鲜血液；另一方面，加强对现有员工的培训与提升，通过定期举办培训课程、邀请专家讲座等方式，提高员工的大数据意识和能力。同时，鼓励员工在实践中不断探索与创新，形成良性的人才成长与激励机制。

第四，完善数据治理与安全保障机制。随着大数据技术的深入应用，数据的安全与隐私保护问题日益凸显。教育机构应建立完善的数据治理与安全保障机制，确保数据的合规性、安全性和可用性。制订严格的数据采集、存储、处理和使用规范，明确数据的所有权、使用权和经营权。采用先进的数据加密、脱敏等技术手段，防止数据泄露和非法获取。同时，加强对员工的数据安全意识教育，提高整个机构的数据安全防护能力。

第五，持续优化与迭代技术应用策略。大数据技术应用是一个不断演进的过程，需要教育机构保持敏锐的洞察力和灵活的应变能力。建立定期的策略评估与反馈机制，对实施效果进行全面的监测和分析。根据评估结果和市场反馈，及时发现问题并采取相应的改进措施，确保策略始终与机构的发展目标和市场需求保持一致。同时，积极关注新技术、新趋势的发展动态，及时调整技术选型和应用方向，保持机构在大数据技术应用领域的领先地位。

第六，营造开放、包容、创新的文化氛围。大数据技术的应用需要开放、包容、创新的思维方式和文化氛围作为支撑。教育机构应倡导员工积极拥抱变革、勇于尝试新事物，为大数据技术应用提供源源不断的创新动力。通过设立创新实验室、举办创新大赛等措施，激发员工的创新意识和实践能力。同时，鼓励员工之间的交流与合作，形成共享知识、共同成长的良好氛围，推动大数据技术在教育领域的广泛应用和深度融合。

第二节 大数据视域下大学生就业创业与思想政治教育融合发展对策

在大数据的时代背景下，大学生就业创业与思想政治教育的融合发展既面临前所未有的机遇，也受到多方面的挑战。为了充分把握机遇、有效应对挑战，我们需要从多个维度出发，提出全面而系统的对策建议。

一、构建严密的数据保护体系，筑牢信息安全防线

在大数据的时代背景下，数据已经成为一种重要的资产和资源，尤其在大学生就业创业与思想政治教育领域，数据的安全性和完整性直接关系到学生的隐私权益和教育机构的声誉。因此，构建严密的数据保护体系，筑牢信息安全防线，显得尤为重要和迫切。

（一）制定严格的数据管理政策

在数字化时代，数据已成为组织运营不可或缺的核心资产。为确保数据的完整性、安全性和可用性，我们必须建立一套全方位、多层次的数据管理政策体系。这一体系不仅涵盖数据的全生命周期管理，还涉及组织架构、人员职责、技术支撑等多个方面，以确保数据治理的全面性和有效性。

数据收集环节，我们应明确界定收集范围，确保所收集的数据与业务目标紧密相关，并充分遵守相关法律法规和行业规范。同时，我们应通过透明、合规的方式征得数据主体的明确同意，保障其合法权益。

在数据存储方面，我们应制定严格的存储标准和规范，明确数据的存储位置、存储期限和存储介质。为确保数据的安全性和可恢复性，我们将采用先进的加密技术和备份机制，确保数据在遭受任何意外情况时都能得

到及时恢复。

数据处理是数据管理的核心环节。我们应建立标准化的处理流程和方法论，确保数据在处理过程中保持一致性、准确性和完整性。同时，我们应实施严格的访问控制和权限管理，防止数据被未经授权的人员篡改或泄露。此外，我们还应引入先进的数据分析技术，挖掘数据的潜在价值，为组织的决策提供有力支持。

数据共享对于促进组织间的合作与协同至关重要。我们应建立明确的共享机制和规范，确保数据在共享过程中得到合法、合规的使用。通过设定合理的共享条件和范围，我们平衡数据共享与保护之间的关系，防止数据被滥用或非法获取。

最后，在数据销毁环节，我们应遵循严格的销毁标准和程序，确保不再需要的数据得到及时、彻底的销毁。通过采用安全可靠的销毁技术和方法，我们防止数据在销毁过程中被非法恢复或泄露，从而确保组织的数据安全得到全面保障。

（二）强化数据加密和访问控制

在数字化时代，数据已成为最宝贵的资产，同时也面临着前所未有的安全威胁。为了保障数据的完整性、机密性和可用性，我们必须构筑一道坚不可摧的数据加密与访问控制防线。

首先，数据加密作为数据安全的核心技术之一，应得到全面的强化与升级。除了广泛应用的高级加密标准（AES，Advanced Encryption Standard）、公钥加密算法（RSA，英文名称为三位创始名字首字母的缩写）等加密算法外，我们还应积极探索后量子密码、同态加密等前沿技术，并根据数据的类型、价值和使用场景，制订个性化的加密策略。此外，随着云计算、物联网等新技术的发展，数据加密也应与时俱进，实现云端、边缘端和终端的协同加密保护。

其次，访问控制是防止数据泄露的另一道重要关卡。我们应建立完善的身份认证体系，结合多因素身份验证技术，确保只有经过严格验证的用户才能访问系统。同时，基于角色的访问控制（RBAC，Role-Based Access Control）和基于属性的访问控制（ABAC，Attrible-Based Access Control）应结合使用，实现用户权限的精细化管理。此外，借助大数据和人工智能技术，我们还可以对用户行为进行持续分析和预测，及时发现潜在的安全风险，实现主动防御。

再次，我们还应注重数据安全文化的培育。通过定期的安全培训、实战演练和安全意识宣传等活动，提高全员对数据安全的重视度和应对能力。同时，建立数据安全奖惩机制，激励员工积极参与数据安全保护工作，共同维护组织的数据安全。

最后，为了确保数据加密与访问控制防线的持续有效性，我们应建立完善的数据安全监测、评估和应急响应体系。通过实时监测数据流动情况、定期评估安全策略的有效性以及及时响应和处理安全事件等措施，不断提升数据安全防护能力。同时，与业界同行保持紧密合作与交流，共同应对不断演变的数据安全威胁。

（三）建立数据泄露应急响应机制

在数字化时代，数据泄露事件已成为企业和个人所面临的重要风险。为了有效应对这一挑战，构建一套健全的数据泄露应急响应机制至关重要。这一机制能够确保在数据泄露事件发生时，相关组织能够迅速、有序地进行响应，从而将损失和影响降至最低。

首先，制订全面细致的应急预案是构建应急响应机制的基础。该预案应深入分析各种潜在的数据泄露场景，包括外部黑客攻击、内部人员误操作、系统漏洞等，并针对每种场景制订相应的应急措施。同时，预案还应明确应急响应的触发条件、组织架构、通信联络等关键要素，以确保在紧急情况下能够迅速启动并有效执行。

其次，组建一支专业、高效的应急团队也至关重要。该团队应由技术专家、法律顾问、公关人员等多方面的专业人才组成，他们应具备丰富的经验和技能，能够迅速响应并有效处置数据泄露事件。团队成员之间应建立明确的职责分工和紧密的合作机制，以确保在应对过程中能够各司其职、协同作战。

再次，为了不断提升应急响应能力，相关组织还应定期开展应急演练活动。通过模拟真实的数据泄露场景，可以检验应急预案的可行性和有效性，发现存在的问题和漏洞，并及时进行修正和完善。演练过程中，还应注重对相关人员进行培训和指导，以提高他们在真实事件中的应对速度和准确性。

最后，在应急处置过程中，明确的流程也必不可少。相关组织应建立数据泄露事件的报告、确认、隔离、调查、取证和处置等一系列流程，并确保每个环节都能够得到有效执行。在遭遇数据泄露事件后，应迅速采取隔离措施，防止数据进一步扩散，并进行详细的调查和取证工作，为后续处理提供有力支持。同时，还应制订切实可行的数据恢复和补救措施，以尽快恢复数据的完整性和可用性，降低数据泄露事件对企业和个人的影响。

除了以上措施外，相关组织还应加强与外部机构的合作与交流。例如，可以与数据安全机构、行业协会等建立合作关系，共享数据泄露的情报和经验，共同应对数据泄露风险。同时，还可以借助外部专家的力量，获得他们的技术支持，听取他们的建议，提升整体的安全防护能力。

（四）提升人员的数据安全意识

在数字化时代，数据已成为核心资源，而数据安全则成为企业和个人必须高度重视的问题。为了构建一个真正安全的数据环境，全面提升人员的数据安全意识和素养至关重要。

第一，应定期开展数据安全培训课程，确保相关人员全面了解数据安全的重要性和基础知识。这些课程可以涵盖数据保护法规、常见数据泄露途径、安全防护措施等内容，通过专家讲解、案例分析等方式，提高员工对数据安全的认知和理解。

第二，制订详细的数据安全操作手册是关键。该手册应为员工提供明确的数据处理和安全操作指南，包括数据分类、存储、传输、使用等各个环节的安全规范。通过手册的指引，员工可以更加规范地进行数据操作，减少数据泄露和误操作的风险。

第三，开展数据安全知识竞赛和活动也是提升员工数据安全意识的有效途径。这些活动可以以趣味性的方式检验员工对数据安全知识的掌握程度，同时激发员工的学习兴趣和积极性。通过竞赛的奖励机制，还能激励员工更加深入地学习和了解数据安全相关知识。

第四，应将数据安全理念融入企业文化中。通过在企业内部宣传数据安全的重要性，倡导员工自觉遵守数据安全规范，形成全员参与、共同维护数据安全的良好氛围。这种文化氛围的营造可以从员工入职开始，通过培训、标语、内部通讯等多种方式进行。

第五，为了确保数据安全意识提升工作的有效性，还应建立相应的监督和考核机制。定期对员工的数据安全意识和操作行为进行评估，对不符合要求的情况进行及时纠正和指导。同时，将数据安全意识纳入员工的绩效考核体系，以激励员工更加重视数据安全并投入数据安全工作中。

二、加强技术研发与创新，突破关键技术瓶颈

在数字化、信息化日益普及的今天，大数据技术正逐渐成为推动社会发展的新引擎。特别是在大学生就业创业与思想政治教育领域，大数据技术更是扮演着举足轻重的角色。然而，当前大数据技术面临着诸多技术瓶颈，这些瓶颈制约了其进一步发展与应用。因此，加强技术研发与创新，突破这些关键技术瓶颈，就显得尤为重要。

（一）全面加大技术研发投入，构筑大数据技术创新体系

大数据技术的研发与创新不仅是推动信息化时代进步的关键力量，也是确保国家数据安全、促进社会民生福祉的重要基石。因此，我们必须从多个层面全面加大技术研发投入，构建一个系统完备、科学规范、运行有效的大数据技术创新体系。

首先，政府应发挥引导作用，设立大数据技术研发专项资金。这部分资金应重点支持涉及国家安全、经济命脉以及民生福祉的关键技术研发项目。通过专项资金的支持，可以鼓励更多的科研团队和企业投身于大数据技术的前沿探索，推动形成一批具有自主知识产权的核心技术和重要成果。

其次，企业应成为技术研发的主力军。作为市场主体，企业应深刻认识到大数据技术对于企业核心竞争力的重要性，从而自发地加大研发投入。企业可以与高校、科研机构等建立紧密的产学研合作关系，共同研发新技术、新产品，推动大数据技术的商业化应用。同时，企业还应注重培养自身的技术创新能力，通过引进高端人才、完善内部研发机制等方式，不断提升企业在大数据技术领域的研发实力。

再次，高校和科研机构应充分发挥其在基础研究和人才培养方面的优势。高校可以设立大数据技术专业或研究方向，培养更多具备专业技能和创新精神的人才。科研机构则应聚焦大数据技术的前沿领域，开展深入的基础研究和应用探索，为技术的突破和创新提供源源不断的动力。

最后，我们还应建立多元化、多渠道的资金投入机制。除了政府专项资金和企业研发投入外，还可以引导和鼓励社会资本进入大数据技术研发领域。通过设立风险投资基金、科技金融等方式，吸引更多的社会资金投入大数据技术的研发与创新中，形成政府、企业、社会共同参与的良性发展格局。

（二）推动产学研深度融合，构建协同创新生态

产学研深度融合在推动大数据技术研发与创新中发挥着核心作用。这种融合不仅仅是简单的资源整合，更是通过深度协同，实现技术突破、市场拓展和产业升级的关键所在。

首先，高校和科研机构作为创新源泉，拥有大量前沿的技术研究成果和丰富的科研人才。通过与这些机构的紧密合作，企业能够及时获取最新的技术动态和研发成果，为自身的产品升级和技术革新提供源源不断的动力。同时，高校和科研机构也需要通过企业的市场反馈，不断优化研究方向和技术路线，确保科研成果更加贴近实际需求。

其次，企业应充分发挥其市场敏感度和资源整合能力。企业是市场的直接参与者，对市场需求有着深刻的理解和把握。通过与高校和科研机构的合作，企业可以将市场需求和技术趋势及时反馈给科研机构，引导科研方向更加符合市场需求。同时，企业还具备强大的资源整合能力，能够将科研成果迅速转化为实际产品或服务，推向市场，实现科研成果的商业化和产业化。

最后，推动产学研深度融合还需要建立完善的合作机制和保障机制。一方面，要通过签订合作协议、成立联合实验室等方式，明确各方的权利和义务，确保合作的顺利进行；另一方面，要建立健全的成果转化机制，明确成果转化的路径和方式，确保科研成果能够高效转化为实际生产力。同时，政府也应在产学研尝试融合中发挥积极的引导和支持作用，通过提供政策支持、资金扶持等方式，推动产学研深度融合向更高层次、更广领域发展。

（三）全面培养与精准引进高端技术人才，助力大数据技术创新发展

在大数据时代的背景下，高端技术人才对于推动技术研发与创新具有举足轻重的作用。然而，当前我国在大数据技术领域正面临人才短缺的严

峻挑战。为了有效应对这一问题，我们必须从全面培养和精准引进两方面着手，打造一支高素质、专业化的大数据技术人才队伍。

首先，全面培养本土高端技术人才是夯实大数据技术发展基础的关键。这需要我们从教育体系改革入手，将大数据相关知识和技能深度融入各级教育中，从小培养学生的数据意识和能力。同时，高校和科研机构应加强与产业界的联系，根据市场需求调整专业设置和研究方向，确保所培养的人才能够紧密对接行业发展的需求。此外，我们还应建立完善的奖学金制度、实习实训基地以及校企合作平台，为学生提供丰富的实践机会和优质的教育资源，帮助他们成长为既懂技术又懂管理的复合型人才。

其次，精准引进海外高层次人才是迅速提升大数据技术研发与创新实力的重要途径。为了实现这一目标，我们需要进一步优化人才政策，提高引进人才的待遇和福利，降低他们的生活成本和创业风险。同时，我们还应建立起一套灵活多样的人才引进机制，以吸引更多具有国际视野和丰富经验的海外高层次人才来华工作和创业。在引进过程中，我们要注重人才的匹配度和实用性，确保他们能够充分发挥自己的专业优势，为推动我国大数据技术的研发与创新做出积极贡献。

再次，还应加强人才梯队建设，注重培养年轻一代的大数据技术人才。通过实施青年人才培养计划、建立导师制度以及开展技能竞赛等方式，激发年轻人对大数据技术的兴趣和热情，提升他们的专业素养和实践能力。同时，我们要鼓励企业、高校和科研机构之间建立紧密的人才交流与共享机制，促进人才在不同领域和单位之间的合理流动和优化配置，实现人才资源的最大化利用。

（四）全面拓展技术应用场景，深挖大数据潜力

大数据技术作为一种强大的分析工具和信息处理方式，其真正价值体现在广泛的应用场景中。目前，我们已经见证了大数据在就业市场分析、

创业趋势预测、学生思想动态监测等多个领域的成功应用，但这些仅仅是大数据应用的冰山一角。为了更全面、深入地利用大数据，我们急需进一步拓展其应用场景，并充分挖掘其潜在价值。

在教育领域，大数据技术的潜力是巨大的。除了在教学质量评估和课程设置优化方面发挥关键作用外，大数据还能够被深入应用于对学生的个性化需求进行精细分析。通过挖掘和分析学生的学习数据，我们可以更准确地把握每位学生的独特学习风格和潜在需求，从而实现教学资源的高效分配和提供定制化的教育服务。这种个性化的教学方式有助于满足学生的多样化需求，提升他们的学习动力和成果。此外，大数据还为教育管理者提供了强大的预测能力。通过对学生学习轨迹和行为的深入分析，教育管理者能够预测学生可能遇到的学习障碍和潜在问题，从而及时采取有效的干预措施。这种预测性的教育管理方式不仅有助于防范学生的学习风险，更能提高整体教育质量和促进学生的全面发展。因此，大数据技术在教育行业的应用是全方位、多层次的，对于推动教育创新和提升教育质量具有深远的意义。

总之，通过全面拓展大数据技术的应用场景，并深入挖掘其潜在价值，我们可以推动教育行业的创新发展，为社会带来更加广泛而深远的影响。这将为实现经济高质量发展、提升国家治理能力和满足人民美好生活需要注入强大的动力。

三、创新教育理念与方法，实现深度融合与发展

在信息化、数字化的时代背景下，教育正面临着前所未有的变革。特别是在大学生就业创业与思想政治教育领域，传统的教育理念和方法已经难以适应新的发展需求。因此，我们必须创新教育理念与方法，实现深度融合与发展，以更好地培养适应时代需求的高素质人才。

（一）树立大数据教育理念

在数字化、智能化的时代背景下，大数据已经渗透到社会生活的各个领域，成为推动各行各业变革的重要力量。教育领域同样迎来了前所未有的机遇与挑战。为了更好地适应这一趋势并引领教育创新，必须牢固树立大数据教育理念，将大数据思维与技术深度融合到教育的全过程中。

大数据教育理念首先强调数据的全面性与精准性，倡导以数据为基础，构建学生个性化发展的教育体系。通过全方位、多角度地收集学生在学习、实践、社交等各个环节的数据，能够更加全面、深入地了解学生的真实需求、兴趣偏好、能力特长以及发展潜力。这使得教育者能够根据每个学生的独特性和差异性，提供更具针对性的教育服务，实现真正的因材施教。例如，利用大数据分析技术，可以为每个学生制订个性化的学习计划和职业发展规划，帮助他们更好地挖掘自身潜能，实现个人价值。

同时，大数据教育理念倡导数据驱动的决策机制，以推动教育决策的科学化和精准化。传统的教育决策往往依赖于经验判断，而大数据则提供了更加客观、全面的数据支持。通过对海量数据的深入挖掘和分析，可以揭示教育现象背后的本质规律和发展趋势，为教育决策提供有力的数据支撑。这不仅有助于提高教育决策的针对性和实效性，还能够降低决策风险，推动教育的持续健康发展。

此外，大数据教育理念鼓励跨界融合与创新实践，以探索多元化的教育模式和学习路径。在大数据的助力下，可以打破传统教育的时空限制和资源瓶颈，实现教育资源的优化配置和高效利用。通过与科技、文化、产业等领域的深度融合，可以共同探索出更加符合时代需求的教育模式和学习方式。例如，借助大数据技术，可以实现线上线下的混合式教学、项目式学习等创新实践，为学生提供更加丰富多彩的学习体验和成长机会。

最后，大数据教育理念还倡导开放共享与协作共赢。在大数据时代，信息的获取和传播变得更加便捷和高效，这为教育资源的开放共享和协作共赢提供了有力支持。应该积极推动不同地区、不同学校之间的教育均衡发展，通过搭建大数据教育平台等方式，实现教育者、学习者、企业等多方之间的深度协作与交流，共同推动教育的创新与发展。

（二）改革教育内容与方式，以适应大数据时代的需求

随着大数据技术的蓬勃发展和广泛应用，社会对人才的需求也在不断演变。为了更好地培养具备高度适应性和竞争力的人才，教育必须紧密结合大数据技术的发展趋势和行业需求，对教育内容与方式进行全面而深入的改革。

首先，教育内容需要与时俱进，不断更新和优化。除了夯实传统学科的基础知识外，还应加强与大数据相关的专业知识与技能教育。这包括数据科学、统计分析、人工智能等领域的深入学习，以培养学生具备数据处理、分析和应用的综合能力。同时，要注重跨学科融合，将大数据技术与其他学科领域相结合，为学生提供更加多元化、综合性的知识体系。

其次，教育方式应灵活多样，以满足不同学生的学习需求和兴趣。应充分利用现代信息技术，发展线上线下相结合的教学模式。线上教学可以利用丰富的网络资源和教学平台，提供个性化、自主化的学习路径，使学生能够根据自身情况灵活安排学习进度。线下教学则应注重实践操作和师生互动，通过实验、实训等方式，让学生在真实的场景中运用所学知识，提升实践能力。

此外，要加强理论与实践的结合，培养学生的实践应用能力。传统教育过于注重理论传授，导致学生缺乏实际操作经验。因此，应通过校企合作、实习实训等途径，为学生提供更多实践机会。企业实习可以让学生亲身参与实际工作，了解行业最新动态和技术应用，培养解决实际问题的能力。同时，学校应建设完善的实验室和实训基地，提供先进的设备和技术支持，为学生创造良好的实践环境。

为了进一步丰富学生的学习资源，还应积极开发与大数据相关的选修

课程和专题讲座。这些课程可以邀请业内专家、学者进行授课，分享最新的研究成果和行业经验。同时，可以组织学生参加大数据竞赛、创新创业活动，激发他们的创新思维和创业精神。通过这些措施，可以为学生提供更加全面、深入的大数据学习体验，培养具备高度专业素养和实践能力的人才。

（三）强化实践教学环节，切实提升学生实践能力与创新精神

实践教学是培养学生实践能力和创新精神不可或缺的重要环节。为了更有效地提升学生的综合素质，必须着重加强实践教学，通过多种途径为学生提供实践机会，使他们在实践中深化理论认知、锤炼技能，并激发创新思维。

深化校企合作是实践教学的核心策略之一。企业应作为大数据技术应用与创新的前沿，为学生带来丰富的实践资源和真实场景。通过与企业建立稳固的合作关系，学校能够引入更多贴近行业需求的实际项目和案例，使学生在参与过程中真切感受到大数据技术的魅力及其广阔的应用前景。这种合作模式对学生而言，不仅是一次宝贵的学习机会，更是他们提升解决实际问题能力、增强团队协作精神的绝佳机会。

同时，实习实训也是实践教学不可或缺的一部分。通过精心组织的实习实训活动，学生能够深入到企业一线，亲身体验大数据技术的工作环境和实际操作流程。这将使他们有机会亲身参与数据的采集、处理、分析及挖掘等各个环节，从而全面提升自己的大数据技能。此外，实习实训还能帮助学生更好地了解职业要求，明确自己的职业规划和发展方向，为未来的就业创业做好充分准备。

除了校企合作和实习实训外，还应鼓励学生积极参与各种大数据相关的竞赛和项目。这些竞赛和项目不仅为学生提供了展示才华的舞台，更能激发他们的创新思维和挑战精神。通过参与竞赛和项目，学生将有机会与来自全国各地的优秀同行切磋交流，共同探索大数据技术的未知领域，从

而不断拓宽自己的视野和认知边界。

为确保实践教学的质量和效果，还应建立完善的反馈和评价机制。及时收集学生对实践教学的意见和建议，针对存在的问题进行改进和优化，以确保实践教学始终与学生的学习需求和行业发展保持紧密对接。同时，还应从多个维度对学生的实践成果进行客观、全面的评价和反馈，以激发他们的学习动力和创新精神，促使他们在实践的道路上不断前行、不断成长。

（四）构建科学评价体系，以大数据赋能教育质量全面提升

科学评价体系是现代教育发展的核心组件，对于确保教育质量、提升教学效果以及满足学生多样化需求具有至关重要的作用。在大数据时代，借助先进的数据分析技术，能够对教育教学的各个环节进行更为深入、细致的评价，从而为教育决策提供更为精准、科学的依据。

首先，借助大数据技术，教育者能够实现对学生学习全程的细致追踪与深入剖析。这一先进技术不仅记录学生的学习时长、学习路径选择和学习资源偏好，还深入分析作业完成的质量以及知识点掌握的深度和广度。这些多维度、细致入微的数据，提升教师和教育工作者的洞察力，让他们能够透视学生的学习过程，了解其潜在的学习模式和需求。通过精准地把握每位学生的实时学习状态，教师能够制定更加贴合学生个性的教学方案，提供针对性强、效果显著的学习指导，从而显著提升教学质量，优化学生的学习体验。

其次，大数据技术已经成为教育机构全面评估和提升教师教学效能的重要工具。通过深度挖掘和精准分析包括教学设计、课堂实施细节、学生互动与反馈、作业与测试成绩等在内的多维度数据，教育机构能够构建出一个立体且客观的教师教学评价体系。这种评价方式不仅涵盖了传统的教学评价要素，还引入了更多反映教师创新能力和学生学习效果的新指标。大数据技术的运用，使得对教师的教学评价不再局限于单一的课堂观察或

学生评分，而是能够深入到教学过程的每一个环节，捕捉到更多真实、细腻的教学细节。这有助于教育机构更全面地了解教师的教学风格、教学策略以及教学效果，从而为他们提供更具针对性的教学改进建议。同时，这种基于大数据的评价方式还能够激发教师的教学热情和创新精神。通过实时反馈和数据分析，教师可以清晰地看到自己在教学过程中的优点和不足，及时调整教学策略，探索更适合学生的教学方法。这种持续的教学改进和创新，不仅能够提升教师的教学水平，还能够增强学生的学习体验，推动整个教育系统的持续发展和进步。

再次，强调学生在评价体系中的核心地位至关重要。为此，需要建立多样化、高效且便捷的学生反馈机制，这些机制要能够充分激发学生表达对于教育教学的真实体验和宝贵建议的积极性。通过鼓励学生主动发声，不仅可以更深入地了解他们的学习需求，更能确保他们的意见和建议成为推动教育教学改进的重要动力。这样，不仅能有效提升学生的学习满意度，更能促进教育教学的持续优化与创新。

最后，大数据技术在优化教育资源配置和提升利用效率方面发挥着举足轻重的作用。通过实时监控教育资源的利用情况，并进行深入的数据分析，可以更为精确地揭示教育资源的分布状况、使用效率及潜在瓶颈。这不仅有助于及时发现并解决资源分配不均和利用不足等关键问题，更能为教育资源的优化配置提供科学、有力的数据支撑。在大数据的驱动下，教育资源得以高效、合理地利用，从而显著提升教育投入的效益，为培养更多优秀人才奠定坚实基础，并进一步推动教育事业的持续发展和进步。

第六章 结论与展望

第一节 研究结论

一、大数据为大学生就业创业提供了新机遇

在信息技术高速发展的今天，大数据已经成为推动社会进步的重要力量。特别是在大学生就业创业领域，大数据技术的应用带来了革命性的变化，为广大大学生提供了前所未有的新机遇。

（一）大数据赋能大学生就业：精准信息匹配与全方位职业导航

信息爆炸的时代，大数据如同一座宝藏，为大学生就业提供了前所未有的信息支持和职业导航。它不仅改变了传统就业模式的局限性，还为大学生们铺设了一条更加宽广、明亮的职业道路。

首先，大数据为大学生就业带来了精准的信息匹配。在过去，大学生们往往面临着信息不对称的问题，难以准确获取到符合自身条件的岗位信息。而借助大数据和智能算法，各类招聘信息和人才数据得以高效匹配，为大学生们提供了与自身能力、兴趣和经验高度契合的职位选择。这种精准的信息匹配，不仅提高了大学生求职的针对性，也大大增加了他们找到心仪工作的可能性。

其次，大数据为大学生就业提供了全方位的职业导航。除了基本的招聘信息，大数据还能深入挖掘和分析行业动态、市场趋势以及职位发展路径等关键信息。这意味着，大学生们不再只是盲目地投递简历，而是能够基于对市场和行业的深刻理解，作出更加明智的职业选择。同时，大数据还能根据大学生们的个人背景和职业规划，为他们量身打造个性化的职业发展建议，帮助他们更好地规划自己的职业生涯。

最后，大数据在就业过程中的应用还体现在风险评估和预测上。通过分析历史就业数据和市场变化趋势，大数据能够帮助大学生们识别潜在的就业风险，如行业萎缩、职位饱和等，从而及时调整自己的求职策略。同时，它还能预测未来可能的新兴行业和热门职位，为那些渴望开拓创新领域的大学生们提供有价值的职业指引。

综上，大数据为大学生就业带来了精准的信息匹配与全方位的职业导航，使他们能够在这个日新月异的时代中，更加自信、从容地迈向成功的职业生涯。大数据不仅是一座信息宝藏，更是一把解锁未来职业发展的金钥匙。

（二）大数据为大学生创业提供了有力的决策依据

在信息化、数字化的时代背景下，大数据已经成为推动社会进步和经济发展的重要力量。对于怀揣梦想，准备投身创业大潮的大学生而言，大数据不仅是一种技术工具，更是一种宝贵的资源和有力的决策依据。

第一，大数据为大学生创业提供了全方位洞察市场的基础。通过收集、整合和分析海量的市场数据，创业者能够深入了解行业的整体趋势、竞争格局、消费者需求以及潜在的市场机遇。这种全面的市场认知有助于创业者明确自己的市场定位，避免盲目跟风或误入歧途。同时，通过对市场数据的实时监控和动态分析，创业者还能够及时调整自己的经营策略，以应对市场的快速变化。

第二，大数据为创业者提供了精准的用户分析。在大数据时代，用户的每一个行为、每一次选择都会留下数据痕迹，这些数据蕴含着丰富的用户信息和消费习惯。通过挖掘和分析这些数据，创业者可以深入了解目标用户的喜好、需求、痛点等，从而为他们提供更加贴心、个性化的产品和服务。这种以用户为中心的创业理念不仅能够提升用户的满意度和忠诚度，还能够为企业的长远发展奠定坚实的基础。

第三，大数据能够帮助创业者优化产品设计和服务流程。通过对用户反馈数据、销售数据等的分析，创业者可以发现产品存在的缺陷和不足，及时进行改进和优化。同时，通过对服务流程的数据监控和分析，创业者还能够找出服务中的瓶颈和问题，提升服务效率和质量。这种基于数据的持续改进不仅有助于提升企业的核心竞争力，还能够为企业赢得更多的市场份额和口碑。

第四，大数据在创业决策过程中也发挥着至关重要的作用。传统的决策方式往往依赖于创业者的主观判断和经验积累，而大数据技术的引入则使得决策过程更加科学、客观、精准。通过对历史数据、实时数据等的综合分析，创业者可以预测市场走势、评估项目风险、制定合理的预算和计划等。这种基于数据的决策方式不仅提高了决策的准确性和有效性，还能够帮助创业者规避潜在的风险和挑战，为企业的稳健发展保驾护航。

第五，大数据为创业者提供了丰富的创新资源和灵感来源。在数据驱动的时代，创业者可以通过对跨行业、跨领域的数据进行挖掘和整合，发现新的商业模式、创新点和发展机遇。这种基于大数据的创新模式不仅具有更高的可行性和实用性，还能够为企业的持续创新和发展注入源源不断的动力。同时，通过与行业专家、研究机构等进行数据共享和合作，创业者还能够获取更多的专业知识和创新资源，提升自己的创新能力和竞争力。

总之，大数据为大学生创业提供了全方位、多层次的支持和帮助，是他们在创业道路上不可或缺的得力助手。通过充分利用大数据技术，创业者可以更加科学、精准地把握市场机遇，降低创业风险，实现企业的快速发展和持续创新。同时，大数据技术的不断发展和普及也将为更多的大学生创业者提供更加广阔的平台和更多的可能性。

（三）大数据技术的应用：重塑并优化大学生就业市场的供需对接机制

在传统的招聘与求职框架下，企业和大学生像是置身于一个庞大而复杂的迷宫之中，双方都在努力寻找出口，但往往难以高效地找到彼此。企业面临着从海量简历中筛选出真正合适候选人的挑战，而大学生则常常因为缺乏全面、准确的就业信息而难以作出明智的职业选择。这种困境不仅增加了双方的匹配成本，也制约了整体就业市场的高效运转。

然而，随着大数据技术的迅猛发展，这一局面正在被彻底改变。大数据技术以其强大的数据处理、分析和预测能力，正在重塑大学生就业市场的供需对接机制，为双方带来前所未有的便利和效益。

第一，大数据技术通过构建全面、多维度的人才数据库，实现了对大学生全方位能力的深入剖析。这不仅仅包括他们的教育背景、实习经历和技能特长，还涵盖了他们的性格特征、职业兴趣、发展潜力等多个层面。这使得企业能够更全面地了解候选人的真实情况，从而作出更为精准的招聘决策。

第二，大数据技术通过深度挖掘和分析企业的岗位需求、用人偏好以及行业发展趋势等信息，为企业提供了更为科学、合理的人才选拔标准。这有助于企业更准确地锁定那些与自身发展战略高度契合的优秀人才，从而提升整体的人力资源配置效率。

第三，大数据技术通过智能匹配算法实现了企业与大学生之间的快速、精准对接。这些算法能够根据双方的需求和条件进行高效筛选和推荐，大大降低了双方的搜寻成本和时间成本。企业可以迅速找到符合岗位要求的优秀人才，而大学生也能够及时获取与自己能力、兴趣相匹配的职位机会。

第四，大数据技术的应用推动了就业市场的透明化和公平化。通过公开、共享的数据信息，企业和大学生可以在更为平等的竞争环境中展开角逐。这不仅有助于消除信息不对称带来的不公平现象，还能够激发双方的积极性和创造力，共同推动就业市场的健康发展。

第五，大数据技术在促进供需对接的同时，也为政府和教育机构提供了宝贵的决策支持。通过对就业市场数据的实时监测和分析，政府可以更加精准地制定和调整就业政策，以更好地满足企业和大学生的实际需求。而教育机构则可以根据就业市场的反馈来优化专业设置和人才培养方案，从而提升大学生的就业竞争力和适应能力。

总之，大数据技术的应用已经深度渗透到大学生就业市场的各个环节之中，正在以前所未有的速度和规模推动着供需对接机制的优化和升级。这无疑是一个革命性的变革，它为企业、大学生以及整个社会带来了更为广阔的发展空间和无限的可能性。

二、思想政治教育在大学生就业创业中的重要作用

思想政治教育作为高等教育的重要组成部分，对于塑造大学生的精神世界，引导其树立正确的价值追求具有不可替代的作用。在大学生就业创业的过程中，思想政治教育所蕴含的深刻内涵和实践价值得以充分体现，成为推动大学生职业发展和创业实践的重要力量。

（一）思想政治教育有助于大学生形成积极向上的职业态度

思想政治教育在大学生职业态度的塑造中发挥着至关重要的作用。通过系统的理论学习和丰富的实践体验，大学生能够深刻理解劳动的意义和价值，进而树立起崇高的职业理想和追求。

首先，思想政治教育通过传授马克思主义劳动观和社会主义核心价值观，帮助大学生认识到劳动不仅是人类生存和发展的基础，更是个人实现

自我价值和社会价值的重要途径。这种对劳动价值的深刻领悟，能够激发大学生对工作的热爱和尊重，从而形成积极向上的职业态度。

其次，思想政治教育注重培养大学生的社会责任感和历史使命感，通过引导大学生关注国家发展大局和民族复兴伟业，能够激发他们的爱国情怀和担当精神。这种精神力量能够转化为大学生在职业生涯中的奋斗动力和奉献精神，使他们在追求个人职业发展的同时，始终保持对社会、对国家的忠诚和贡献精神。

此外，思想政治教育还通过丰富的实践体验，如志愿服务、社会调查、实习实训等，让大学生亲身感受劳动的艰辛与快乐，体验职业生活的挑战与成就。这种实践教育能够增强大学生的职业认同感和归属感，使他们在面对职业挑战和困难时能够保持坚定的信念和乐观的心态，以积极向上的态度迎接每一个工作挑战。

（二）思想政治教育能够培育大学生坚韧不拔的创业精神

创业，这条道路上布满了荆棘与挑战，它要求创业者不仅要有敏锐的市场洞察力、出色的管理能力和卓越的创新思维，更要有一种坚韧不拔、锲而不舍的精神品质。而这种品质，正是思想政治教育所要传授给每一位大学生的宝贵财富。

思想政治教育，作为高等教育的重要组成部分，始终致力于培养具有高尚品德、健全人格和强烈社会责任感的新时代青年。其中，培育坚韧不拔的创业精神，无疑是思想政治教育的一项重要使命。

通过革命传统教育，思想政治教育让大学生们深刻领悟到先辈们为了追求民族独立和人民解放所付出的巨大牺牲和艰苦斗争。这种教育不仅让大学生们更加珍惜来之不易的幸福生活，更激发了他们内心深处的爱国情怀和使命担当。在这种精神的熏陶下，大学生们自然能够培育出面对困难不退缩、敢于拼搏的创业精神。

同时，思想政治教育还通过弘扬民族精神，让大学生们深刻认识到中华民族是一个勤劳勇敢、自强不息的民族。这种精神品质，不仅是中华民族历经磨难而始终屹立不倒的重要原因，也是每一位创业者所应具备的基本素质。在创业的道路上，只有那些能够坚持不懈、勇往直前的人，才能够在激烈的市场竞争中脱颖而出，实现自己的创业梦想。

此外，思想政治教育还注重培养大学生的创新意识和实践能力。通过各种实践活动和创新创业教育，大学生们不仅能够学到丰富的知识和技能，更能够在实践中锤炼自己的意志和品质，从而更加坚定地走好创业这条道路。

（三）思想政治教育对于塑造大学生诚信守法的道德品质具有关键作用

诚信与守法，是现代社会中每一个公民应当秉持的基本道德品质，尤其对于即将踏入社会、成为职场新人的大学生而言，这两种品质更是未来职业生涯能否顺利发展的决定性因素。而思想政治教育在塑造大学生诚信守法品质中发挥着重要作用。

首先，诚信是职场中的黄金法则，是人与人之间建立信任关系的基石。在复杂多变的商业环境中，一个诚信的个体往往能够获得更多的合作机会和资源支持。通过思想政治教育，大学生能够深刻理解诚信的内涵与价值，认识到诚信不仅是个人品德的体现，更是职业发展的必要条件。这种教育引导大学生在日常学习和生活中不断践行诚信原则，如诚实守信地完成学业任务、遵守学术道德、在团队协作中保持真诚沟通等，从而逐步建立起稳固的诚信基础。

其次，守法意识是每个公民必备的基本素养，对于大学生而言更是如此。在就业创业过程中，遵守法律法规是保障个人权益、维护社会秩序的基本要求。思想政治教育通过普及法律知识、强化法治观念，帮助大学生树立起对法律的敬畏之心。大学生通过学习，不仅能够了解国家的基本法律制度和职场相关的法律法规，更能够在实践中自觉遵守法律，运用法律武器维护自身合法权益。这种守法意识的培养，不仅有助于大学生在职场中规范自身行为，避免触碰法律红线，还能够为他们未来的创业之路奠定坚实的法律基础。

最后，思想政治教育还通过丰富多彩的实践活动和案例教学，让大学生在亲身体验中感悟诚信守法的重要性。通过参与志愿服务、社会实践等活动，大学生能够在实践中践行诚信原则，体验诚信带来的社会认同和个人成就感。同时，通过分析真实案例中的法律问题和道德困境，大学生能够提升解决实际问题的能力，增强对诚信守法重要性的认识。

三、大数据与思想政治教育融合发展的重要性

在当今信息化、数字化的时代背景下，大数据技术与思想政治教育的融合发展显得愈发重要。这种融合不仅有助于提升大学生的综合素质，特别是就业创业能力，还能够为他们未来的职业生涯奠定坚实的基础。

（一）精准分析，个性化教育

在当今信息化、数据化的时代，精准分析与个性化教育已然成为教育领域的前沿话题。特别是对于高等教育而言，借助大数据技术，我们可以更深入地洞察大学生的内心世界与外在行为，为他们量身定制更加贴切的思想政治教育方案。

大数据技术，拥有无与伦比的数据处理与分析能力，使得我们能够从海量的信息中提炼出有价值的情报。在高等教育领域，这种技术能够实时捕捉到大学生的思想动态、行为模式、学习偏好、社交习惯以及兴趣爱好等多维度数据。通过精准地分析这些数据，教育者可以揭示出每位学生的独特性，包括他们的潜在能力、个性特质以及可能面临的挑战。

举例来说，当大学生在社交媒体或校园论坛上留下痕迹时，这些数据就成为了解他们思想状况的重要窗口。利用大数据技术，我们可以迅速识

别出那些表现出消极情绪或心理困扰的学生，并第一时间进行心理疏导与帮助。这不仅增强了思想政治教育工作的敏锐性和主动性，更能够确保每位学生在关键时刻都能得到及时的关怀与引导。

同时，这种基于数据的精准分析还为个性化教育提供了坚实的支撑。在了解了学生的差异化需求之后，教育者可以设计更加贴合个人特点的教学方案与辅导计划。这种量身定制的教育模式，将极大地提升学生的学习体验和成果，使得思想政治教育真正做到因人而异、因材施教。

总的来说，大数据技术为高等教育领域带来了前所未有的变革机遇。通过精准分析，我们不仅可以更全面地认识每一位学生，还能为他们提供更加精准、个性化的思想政治教育服务，从而培养出更加全面而优秀的新时代人才。

（二）引导数据观念，强化隐私意识

在日新月异的大数据时代，数据已经渗透到生活的方方面面，成为一种不可或缺的资源和宝贵资产。然而，伴随着数据的广泛应用和高速流通，数据泄露、隐私被侵犯等问题也日益凸显，给个人和社会带来了诸多困扰和挑战。因此，对于即将踏入社会的大学生而言，培养他们正确的数据观念和隐私意识至关重要。

思想政治教育在这方面扮演着举足轻重的角色。通过精心设计的相关课程和活动，教育者可以系统地引导大学生深入理解数据的内涵、价值及其在社会经济发展中的重要作用。同时，教育者应着重阐释合理、安全地使用和保护数据的重要性，帮助大学生树立正确的数据观念，养成在日常生活中对数据负责的态度。

更为关键的是，需要不断充实和强化大学生的隐私意识。在课程和活动中，教育者应穿插隐私保护的实例分析，让大学生深刻认识到个人隐私泄露可能带来的严重后果。同时，还应传授学生实用的隐私保护技巧和方法，教导他们在享受大数据带来的便捷与高效的同时，如何有效保护自己

的隐私安全，避免成为数据泄露的受害者。

此外，为了更好地应对未来职业生涯中可能遇到的数据挑战和风险，教育者还应鼓励大学生积极参与与数据相关的实践活动，如数据分析、数据挖掘等，以提升他们的数据素养和实际操作能力。这样，大学生不仅能够在理论上掌握数据知识和隐私保护技巧，还能在实践中不断锤炼自己，为未来的职业发展奠定坚实的基础。

（三）促进全面发展，提升就业创业能力

在大数据时代的背景下，大数据技术与思想政治教育的深度融合，为大学生的全面发展和就业创业能力的提升开辟了新的路径。这种融合不仅体现在信息获取的便捷性上，更深入到教育模式的创新和个人能力的全方位塑造中。

首先，大数据技术的应用为大学生提供了一个前所未有的信息宝库。他们可以轻松地获取到海量的就业创业信息，包括行业发展的最新动态、市场需求的实时变化、竞争对手的详尽分析等。这些信息不再是遥不可及的，而是可以通过智能化的数据平台实时获取、精准分析。这无疑为大学生们进行职业规划、制订创业策略提供了有力的数据支撑，使他们的决策更加科学、合理。

其次，大数据与思想政治教育的结合，有助于深化大学生的自我认知和职业素养。通过数据的精准分析，大学生可以更清晰地了解自己的兴趣、特长和职业倾向，从而更有针对性地进行个人能力提升和职业规划。同时，思想政治教育在培养大学生的创新精神、团队协作能力和社会责任感等方面发挥着重要作用。这些能力的培养不仅依赖于传统的课堂教育，更需要通过实践活动、案例分析等多样化的教学方式来实现。大数据技术的应用，为这些教学方式的创新提供了可能，使思想政治教育更加贴近实际、更具实效性。

最后，这种融合教育模式还有助于提升大学生的综合素质和应对未来

职场挑战的能力。在大数据的驱动下，思想政治教育不再局限于单一的知识传授，而是拓展到能力培养、素质提升等多个层面。大学生们不仅可以在专业技能上有所突破，更可以在跨界融合、创新创业等领域展现自己的才华。这无疑为他们的未来发展奠定了坚实的基础，使他们能够更好地适应和应对不断变化的就业市场和社会环境。

四、大数据与思想政治教育融合发展的可行性

（一）技术层面的可行性

1.成熟的数据采集技术

在当今的数字化时代，数据采集技术已经取得了长足的进步，为大数据与思想政治教育的融合发展提供了坚实的技术支撑。这些技术如今能够高效、准确、全面地从各种来源中捕获数据，从而为思想政治教育构建起一个海量、实时且多维度的数据基础。

具体来说，成熟的数据采集技术能够从多个渠道获取学生的相关信息。例如，通过在线学习平台，可以追踪学生的学习进度、互动情况、作业完成情况等，从而深入了解他们的学习状态与偏好。在社交媒体上，学生的言论、情绪表达和社交网络等都可以被有效地捕获和分析，揭示出他们的思想动态、价值观念以及社交行为模式。此外，校园一卡通的使用记录也能反映出学生的日常生活习惯和消费行为，为全面把握学生的真实状况提供了有力支持。

这些数据采集技术不仅具备高效性，能够在短时间内处理大量的数据，而且准确性也得到了显著提升。借助先进的算法和模型，可以对采集到的数据进行清洗、去重、校验等预处理操作，确保数据的真实性和有效性。同时，这些技术还能够根据思想政治教育的实际需求，定制化地采集特定领域或特定主题的数据，从而提供更加精准、有针对性的数据支持。

更为重要的是，成熟的数据采集技术还具备强大的扩展性和灵活性。随着技术的不断进步和应用场景的不断拓展，这些技术可以轻松地适应新的数据来源和数据格式，为思想政治教育的创新发展提供源源不断的数据动力。

总之，成熟的数据采集技术为大数据与思想政治教育的融合发展奠定了坚实的基础。通过这些技术，我们可以更全面地了解学生的真实状况，更深入地挖掘他们的潜在需求和问题，从而为思想政治教育提供更加科学、精准的决策支持和服务。

2. 强大的数据存储与处理能力

随着云计算、分布式存储、高性能计算等尖端技术的迅猛发展，现代大数据系统已经展现出了前所未有的数据存储与处理能力。特别是在面对PB（PetaByte，千万亿字节）甚至更大级别的数据存储需求时，这些系统能够轻松应对，确保数据的完整性、安全性和可访问性。

对于思想政治教育工作者来说，这意味着他们现在能够以前所未有的规模和深度来收集、存储和分析学生的各种数据。这些数据不仅包括学生的基本信息、学习成绩、课程反馈等传统内容，还可能涵盖他们的在线学习行为、社交媒体互动、课外活动参与等更加丰富多元的维度。

通过大数据系统的高效处理和分析能力，思想政治教育工作者可以更加深入地挖掘这些数据背后的规律和趋势。例如，他们可以利用复杂的数据挖掘算法来识别学生群体中的共同特征和行为模式，或者通过时间序列分析来预测学生未来的学习表现和发展轨迹。

此外，这些强大的数据存储与处理能力还为思想政治教育工作者提供了更加灵活和高效的数据应用方式。他们可以根据具体需求和目标，快速地从海量数据中提取出有价值的信息，生成各种形式的报告、可视化和交互式分析工具，以便更好地理解和应对学生群体中的复杂问题和挑战。

总的来说，现代大数据系统的强大数据存储与处理能力为思想政治教育工作者提供了前所未有的机会和可能性，使他们能够更加科学、精准和高效地开展工作，更好地服务于学生的学习和成长。

3. 先进的数据分析技术

在当今时代，大数据分析技术，尤其是机器学习和深度学习，已经成为推动各领域变革的关键力量。在思想政治教育领域，这些技术同样展现出了巨大的潜力和价值。

首先，机器学习技术能够通过对历史数据的训练和学习，识别出学生行为中的模式和规律。例如，基于学生的在线学习记录、社交互动和日常行为数据，机器学习模型可以预测学生的学习成绩走势、社交偏好以及可能遇到的心理问题。这种预测能力使得教育者能够在问题出现之前采取针对性措施，从而更有效地引导学生健康成长。

其次，深度学习技术能够处理更为复杂和非线性的数据关系。通过构建深度神经网络模型，可以对大量的文本、图像和音频等多媒体数据进行深入分析。在思想政治教育中，这意味着可以从学生的网络言论、社交媒体帖子甚至课堂讨论中提取出深层次的情感、观点和价值观信息。这种洞察能力有助于教育者更全面地了解学生的内心世界，进而制订更加贴近学生实际的教育内容和方式。

再次，这些先进的数据分析技术还可以用于优化教育策略。通过对大量教育实践数据的分析，可以发现哪些教育方法在特定情境下更为有效，哪些因素可能影响教育效果。这种基于数据的决策支持使得教育者能够更加科学地调整教育策略，从而提高思想政治教育的整体质量和效率。

最后，随着技术的不断进步和创新，大数据分析在思想政治教育中的应用前景将更加广阔。未来，我们有望看到更多激动人心的应用场景和成果出现，为培养德智体美劳全面发展的社会主义建设者和接班人提供强大支持。

4. 教育信息化水平的提升

首先，在信息化基础设施建设方面，高校不断加大投入，构建了覆盖全校的高速校园网络，实现了教学楼、图书馆、宿舍区等各个角落的网络全覆盖。同时，高校还建立了多个现代化的数据中心，配备了高性能的服务器和存储设备，确保了海量数据的稳定存储和高效处理。此外，多媒体教室、电子阅览室、远程教育平台等信息化教学设施的普及，也为师生提供了更加便捷、高效的教学和学习环境。

其次，在数字教育资源开发方面，高校注重优质教育资源的整合与共享。通过搭建在线教育平台，高校将各类优质课程资源、教学资料、学术讲座等数字化内容汇聚一堂，为师生提供了丰富多样的学习资源。同时，高校还积极与国内外知名教育机构合作，引进优质在线课程和教育资源，进一步拓宽了师生的学术视野和学习渠道。

最后，在教师信息技术应用能力培训方面，高校高度重视教师队伍建设，将信息技术应用能力作为教师必备素质之一进行重点培养。通过组织定期的信息技术培训、邀请专家讲座指导、开展信息化教学比赛等多种方式，不断提升教师的信息技术应用水平和教学创新能力。这使得教师们能够熟练运用各种信息技术工具和平台，开展线上线下相结合的混合式教学，提高教学效果和学习体验。

总之，高校在教育信息化基础设施建设、数字教育资源开发以及教师信息技术应用能力培训等方面的显著进步，为大数据技术与思想政治教育的融合发展提供了坚实的物质基础和人才保障。未来，随着教育信息化的深入推进和大数据技术的不断创新，我们有理由相信，大数据将在思想政治教育领域发挥更加重要的作用，推动高校思想政治教育事业迈上新的台阶。

（二）实践层面的可行性

1. 高校的创新实践

在数字化时代，高校正站在思想政治教育创新的前沿，积极探索大数据技术与传统教育方式的深度融合。这种创新实践，不仅从技术角度出发，更从教育理念、教学方法和教育评价体系等多个维度进行全面革新。

首先，高校在创新实践中充分体现了"以学生为中心"的教育理念。

通过运用大数据技术，高校能够更精准地把握每位学生的个性化需求和发展潜力，从而为他们提供更加贴心、高效的教育服务。这种教育理念的转变，使得思想政治教育不再是一种单向灌输，而是成了一种双向互动、共同成长的过程。

其次，高校在教学方法上进行了大胆创新。借助大数据技术，教育者可以实时跟踪学生的学习进度和反馈情况，及时调整教学策略，实现因材施教。同时，高校还积极引入慕课、微课等在线教学方式，打破时间和空间的限制，为学生提供更加灵活多样的学习选择。

最后，高校在教育评价体系方面也进行了有益尝试。传统的思想政治教育评价往往侧重于知识掌握程度的考核，而忽视了对学生能力、素质和价值观的全面评价。而通过运用大数据技术，高校可以更加全面地收集学生的学习数据和生活信息，从而对他们进行更加客观、全面的评价，为他们的全面发展提供更加有力的支持。

2. 成功的案例分析

在大数据与思想政治教育紧密结合的实践中，部分高校已经取得了显著成效，形成了具有深度、广度和创新性的成功案例。这些案例不仅全面展示了大数据在提升思想政治教育质量、效率和个性化程度方面的巨大潜力，还凸显了高校在这一领域的创新精神和前瞻性布局。

案例一：全方位数据画像，实现个性化教育引导

某综合性大学通过整合校内多个数据源，构建了一个全面、动态的学生数据画像系统。该系统不仅包含了学生的基本信息、学习成绩、课程偏好等传统数据，还纳入了图书馆借阅记录、在线学习行为、社团活动参与情况、校园卡消费记录等多元化信息。通过高级算法和机器学习技术的深度挖掘，教育者能够为学生绘制出精细化的个体和群体画像。

基于这些画像，思想政治教育工作者能够更深入地理解每位学生的性格、兴趣爱好、发展潜力和面临的挑战。例如，对于显示出高度创新能力和科技兴趣的学生，学校可以提供更多的科研机会和实验室资源；对于在

社交方面存在障碍或心理压力较大的学生，则可以提供及时的心理咨询和社交技能培训。

这一案例的突出特点在于其全方位的数据整合和精细化的画像构建。通过大数据技术的支持，高校能够更准确地把握每位学生的个性化需求，从而为他们提供更加贴心、高效的教育服务。这不仅有助于提升学生的整体发展水平，还能够增强他们对学校的归属感和满意度。

案例二：实时数据监测，优化思想政治教育决策

另一所重点高校建立了一个实时数据监测和分析平台，用于跟踪和评估思想政治教育的实际效果。该平台能够实时收集学生的在线学习数据、课堂参与度、课后反馈意见等信息，并通过可视化工具展示给教育者和管理者。

通过这些实时数据，教育者可以及时调整教学内容和方法，以更好地满足学生的需求。例如，如果发现某一章节的知识点学生普遍掌握较差，教育者可以立即增加相关的教学资源和辅导时间。同时，管理者也可以基于这些数据来评估不同教育策略的有效性，从而作出更明智的决策。

这一案例的显著特点在于其实时性和动态性。通过大数据技术的支持，高校能够更快速地获取学生的反馈和教学效果信息，从而及时作出调整和优化。这不仅提高了思想政治教育的针对性和实效性，也增强了高校对教育质量的监控和管理能力。

综上，这些成功案例充分展示了大数据技术在思想政治教育领域的广泛应用和深远影响。通过全方位数据画像、实时数据监测等方式，高校能够更全面地了解学生的需求和发展状况，为他们提供更优质、更个性化的教育服务。同时，这些案例也为其他高校提供了宝贵的经验和启示，推动了大数据与思想政治教育的深度融合和创新发展。

3.持续的优化迭代

在大数据与思想政治教育融合发展的过程中，高校和教育者展现出了持续的优化迭代精神。他们深知，任何技术的引入和应用都不是一蹴而就

的，而是需要在实际操作中不断摸索、总结和完善。

首先，高校和教育者积极投身于大数据技术的实践应用中，勇于尝试新的方法和手段。他们通过构建学生画像、分析网络行为、挖掘潜在关联等方式，不断探索大数据在思想政治教育中的最佳应用模式。

其次，高校和教育者非常注重实践经验的总结和反思。每当完成一轮大数据应用实践后，高校和教育者都会认真总结整个过程，分析其中的成功之处和不足之处，提炼出宝贵的经验教训。这些总结不仅有助于他们自身能力的提升，也为后续的实践提供了有益的参考。

更为重要的是，高校和教育者能够根据总结的经验教训，对大数据技术的应用进行及时的迭代优化。他们不断调整数据收集的范围和方式，改进数据处理和分析的算法，提升数据解读和应用的准确性。这种持续改进的态度和做法，使得大数据技术在思想政治教育中的应用更加贴合实际、更具成效。

再次，高校和教育者还积极与同行进行交流和合作，共同分享大数据应用的经验和成果。通过这种开放、共享的方式，他们不仅拓宽了自身的视野和思路，也为整个思想政治教育领域的大数据应用水平的提升作出了贡献。

最后，这种持续的优化迭代还体现在教育者对大数据技术本身的学习和更新上。随着技术的不断进步，新的大数据工具和方法层出不穷。教育者需要保持敏锐的学习意识，及时跟进技术的最新发展，以便将最新的技术成果应用到思想政治教育实践中。

总之，高校和教育者在大数据与思想政治教育融合发展的过程中，展现出了持续的优化迭代精神。他们通过不断总结经验、反思不足、改进应用，推动了大数据与思想政治教育的深度融合和成熟发展。这种持续改进的态度和做法，无疑为思想政治教育事业的创新与发展注入了强大的动力。

4. 广泛的社会支持

在数字化、信息化日益普及的今天，思想政治教育的重要性被提升到了前所未有的高度。与此同时，大数据技术作为引领时代发展的关键力量，其在思想政治教育中的应用得到了社会各界的广泛认同和大力支持。

政府层面，不仅教育部门，还包括科技、文化等多个相关部门，都纷纷将大数据与思想政治教育的融合发展纳入国家战略和规划之中。通过制定一系列优惠政策、设立专项资金、搭建合作平台等措施，政府为高校和研究机构提供了强有力的支持和保障，推动了大数据技术在思想政治教育领域的快速应用和深入发展。

企业界也展现出了极大的热情。众多知名科技企业不仅为高校提供了先进的大数据技术、解决方案和硬件设备，还积极参与到相关项目的研发和实施过程中。通过与高校的深度合作，这些企业不仅实现了技术的有效转化和应用，还为思想政治教育的创新发展注入了新的活力。

此外，各类社会组织、研究机构以及广大民众也积极参与到大数据与思想政治教育的融合发展中来。他们通过举办研讨会、开展课题研究、提供数据支持等方式，为这一领域的繁荣发展贡献了自己的智慧和力量。这种全民参与、共同推进的良好氛围，为大数据与思想政治教育的融合发展提供了坚实的社会基础和广泛的群众支持。

与此同时，国际社会的关注和支持也为大数据与思想政治教育的融合发展带来了新的机遇。越来越多的国家和国际组织开始认识到大数据技术在思想政治教育中的重要作用，纷纷加强与我国在该领域的交流与合作。这种国际间的互动与借鉴，不仅有助于推动我国思想政治教育事业的国际化发展，还为全球范围内的思想政治教育创新提供了新的思路和方向。

第二节　研究展望

随着信息技术的迅猛发展和数据资源的日益丰富，大数据已经成为当今时代的重要特征和宝贵资产。在未来的研究中，我们期待能够进一步深化大数据与就业创业、思想政治教育之间的融合发展，探索新的研究思路与方法，以更好地服务于社会发展和人才培养。

一、大数据与就业创业融合发展的研究展望

（一）数据驱动的就业市场分析

在大数据时代，数据已经成为驱动各个行业发展的关键要素，就业市场也不例外。通过利用大数据技术，我们可以对海量的就业市场数据进行深度挖掘和分析，进而揭示出隐藏在数据背后的市场规律、人才流动趋势以及行业发展动态。这种数据驱动的分析方法，不仅提升了我们对就业市场的理解深度，还为求职者和企业提供了更为精准、科学的决策支持。具体来说，数据驱动的就业市场分析主要体现在以下几个方面。

一是就业市场动态监测。通过实时收集和分析各大招聘网站、社交媒体以及政府公共就业服务平台的数据，我们可以及时捕捉到就业市场的最新动态。例如，哪些行业或职位的需求正在上升，哪些技能或资质变得更加热门，以及薪资水平的整体变化趋势等。这些信息对于求职者调整求职策略、企业优化招聘计划都具有重要指导意义。

二是人才流动趋势分析。大数据技术可以追踪人才的流动轨迹，分析不同行业、地区或企业间的人才流动模式。这种分析有助于我们发现人才聚集的热点区域和新兴行业，预测未来可能出现的人才缺口或过剩情况。对于求职者来说，这可以帮助他们选择更有发展前景的行业和地区；对于

企业而言，则有助于制定更为精准的人才吸引和保留策略。

三是行业发展趋势预测。通过对历史就业数据的分析，结合宏观经济、政策环境等因素，大数据技术可以预测未来一段时间内的行业发展趋势。这种预测能力对于企业和求职者都至关重要。企业可以根据预测结果调整业务布局和人才储备计划，而求职者则可以提前做好职业规划，选择符合自己兴趣和长期发展目标的行业和职位。

四是个性化就业推荐。基于大数据的用户画像技术，我们可以为每位求职者构建独特的职业偏好和能力模型。结合就业市场的实时数据，系统可以为求职者推荐最适合他们的职位和职业规划路径。这种个性化的就业推荐服务，大大提高了求职者的求职效率和成功率。

五是科学化招聘决策。对于企业而言，大数据技术可以帮助它们更科学地评估应聘者的潜力和适配度。通过对比应聘者的简历数据、面试表现以及市场上同类人才的数据，企业可以作出更为客观、公正的招聘决策，从而提升招聘质量和效率。

（二）基于大数据的创新创业模式研究

在数字化、网络化日益普及的今天，大数据已经成为创新创业领域不可或缺的重要资源。基于大数据的创新创业模式研究，旨在深入探讨如何有效利用大数据技术来优化创新创业的流程、提高创业成功的概率，并推动整个创新创业生态系统的健康发展。

1. 大数据在创新创业中的价值

大数据技术的核心价值在于其能够从海量数据中提炼出有价值的信息和知识，为决策提供科学依据。在创新创业领域，大数据的应用主要体现在以下几个方面：

一是市场洞察。通过收集和分析市场数据，创业者可以更加深入地了解市场动态、竞争态势以及消费者需求，从而为产品或服务的定位提供有力支持。

二是用户画像。利用大数据技术，可以对用户进行全方位、多维度的分析，形成精准的用户画像。这有助于创业者更好地理解目标用户，从而提供更加符合用户需求的产品或服务。

三是风险预测。大数据可以帮助创业者识别和评估潜在的市场风险、竞争风险以及运营风险，从而制定更加科学的风险管理策略。

四是优化决策。通过数据驱动的决策方式，创业者可以更加客观地评估不同方案的优劣，选择最佳的发展路径。

2. 基于大数据的创新创业模式构建

为了充分发挥大数据在创新创业中的价值，我们需要构建一套基于大数据的创新创业模式。该模式应包含以下几个关键环节：

一是数据收集与整合。建立多渠道、多维度的数据收集体系，确保数据的全面性、准确性和时效性。同时，利用数据整合技术，将不同来源、不同格式的数据进行统一处理，形成标准化的数据仓库。

二是数据分析与挖掘。运用先进的数据分析和挖掘技术，对收集到的数据进行深入探索，发现数据背后的关联、规律和趋势。这有助于创业者洞察市场先机，把握发展机遇。

三是创新应用与实践。将数据分析的结果转化为实际的创新应用和实践方案。这包括新产品的开发、服务模式的创新、营销策略的优化等。通过不断的实践迭代，不断完善和优化创新方案。

四是评估与反馈。建立科学的评估体系，对创新创业的实践成果进行客观评价。同时，通过用户反馈、市场反馈等多种渠道，收集外部意见和建议，及时调整和优化创新策略。

3. 推动创新创业生态系统健康发展

基于大数据的创新创业模式不仅关注单个创业项目的成功，更致力于推动整个创新创业生态系统的健康发展。为此，我们需要采取以下措施：

一是加强政策引导。政府应出台相关政策，鼓励和支持大数据技术在创新创业领域的应用和发展。同时，加大对创新创业人才的扶持力度，吸引更多优秀人才投身于创新创业事业。

二是促进产学研合作。推动高校、科研机构与企业之间的紧密合作，共同开展大数据技术在创新创业领域的研究和实践。通过产学研一体化的发展模式，加速科技成果的转化和应用。

三是营造良好的创新氛围。倡导开放、包容、协作的创新文化，鼓励跨界融合和颠覆式创新。同时，加强知识产权保护力度，为创新创业者提供安全的创新环境。

（三）大数据技能与就业能力提升

随着大数据技术的迅猛发展，它已经成为驱动当今社会进步的重要引擎。在这一背景下，具备大数据技能的人才需求急剧增长，而如何有效地培养和提升这些技能，进一步将其转化为强大的就业能力，则成了教育领域和职场发展共同关注的焦点。

1. 大数据技能的培养路径

大数据技能的培养需要系统规划，理论与实践相结合，以及持续的学习更新。

一是学历教育整合。从高等教育阶段开始，将大数据相关课程融入专业教学计划。这包括数据科学基础、机器学习、数据挖掘等核心课程，同时鼓励大学生跨学科学习，如结合商业管理、社会科学等领域的知识，以培养复合型人才。

二是强化实训项目与社会实践。通过校企合作、实训课程等方式，向学生提供真实的大数据环境，让学生进行实践操作。这种"边做边学"的模式能够加深学生对知识的理解，并锻炼他们解决实际问题的能力。

三是丰富在线学习资源。利用丰富的在线学习平台，如慕课，为学生提供灵活多样的学习途径。这些平台通常包含最新的行业知识和技术动态，有助于学生保持与前沿技术的同步。

四是专业认证与培训。针对希望进一步提升技能的学生，提供专业的大数据认证培训和微学位课程。这些认证通常被行业广泛认可，能够显著提升个人的职业竞争力。

2. 大数据技能向就业能力的转化策略

掌握了大数据技能之后，如何将其有效转化为就业市场上的竞争优势，是每个人都需要思考的问题。以下是一些转化策略。

一是明确职业目标与定位。在深入了解大数据行业的基础上，明确自己的职业目标和定位。这有助于个人更加聚焦地提升自己的专业技能，并在求职过程中精准匹配岗位需求。

二是个人品牌塑造与展示。通过社交媒体、博客等途径，积极展示自己在大数据领域的专业见解和实践成果。这不仅能够吸引潜在雇主的关注，还能为个人带来更多的职业机会。

三是项目经验与成果呈现。将参与过的大数据项目整理成案例集或作品集，详细展示自己在项目中的角色、贡献和成果。这种具体化的呈现方式能够让雇主更加直观地了解个人的实际能力。

四是行业活动与社交参与。积极参加大数据相关的行业会议、研讨会等活动，与同行建立联系并交流经验。这不仅有助于个人拓宽视野、了解行业动态，还能为职业发展搭建更多的人际桥梁。

五是持续学习与自我提升。大数据技术更新迅速，保持持续学习状态是提升就业能力的关键。通过定期参加培训课程、阅读最新行业资讯等方式，不断为自己注入新的知识和技能。

二、大数据与思想政治教育融合发展的研究展望

（一）基于大数据的思想政治教育个性化教学

在大数据时代，数据的收集与分析为教育领域带来了前所未有的变革，尤其在思想政治教育方面，大数据技术的应用使得个性化教学成为可

能。通过深入挖掘学生在学习、生活等多个维度产生的数据，教育者和研究者能够更准确地把握每个学生的独特需求和特点，进而实现教育内容的定制化和教学方法的个性化。

1. 数据收集与挖掘

基于大数据的思想政治教育个性化教学的第一步是全面、准确地收集学生的学习和生活数据。这些数据包括但不限于学生的学习成绩、在线学习行为（如观看视频的时间、频率、互动次数等）、课外阅读偏好、社交媒体活动、日常消费习惯等。通过这些数据，可以构建出每个学生的数字画像，反映其学习习惯、兴趣爱好、价值观念等多个方面的特征。

接下来，利用数据挖掘技术，如聚类分析、关联规则挖掘等，可以从海量数据中提炼出有价值的信息和模式。例如，发现某一群体学生在特定时间段内学习成效显著下降，或者识别出影响学生思想政治观念形成的关键因素。

2. 学生个性化需求分析

在充分了解学生的基础上，教师需要运用大数据分析结果，对学生的个性化需求进行深入分析。这包括识别学生的学习风格（如视觉型、听觉型或动手实践型），判断学生在思想政治教育中的薄弱环节和兴趣点，以及预测学生在未来学习中可能遇到的挑战和困难。

3. 教学计划和教学策略制订

根据对学生的个性化需求分析，教师可以制订更加精细化的教学计划和教学策略。例如，为视觉型学生提供更多图表和图像资料，为听觉型学生准备丰富的音频讲解材料，为动手实践型学生设计实践性强的学习任务。同时，针对学生在思想政治教育中的薄弱环节，教师可以调整教学内容的重点和难点，或者采用更加生动有趣的教学方法来激发学生的学习兴趣。

此外，教学策略的制订还需要考虑学生的学习进度和反馈情况。通过实时监控学生的学习数据，教师可以及时发现学生的学习问题并给予个性化的指导。例如，对于学习进度滞后的学生，教师可以提供额外的辅导资料或者安排一对一的咨询；对于学习成效显著的学生，教师可以给予适当的奖励和鼓励，以激励其继续保持优秀的学习状态。

4. 个性化教学实践与评估

在实施个性化教学的过程中，教师需要不断尝试和调整教学方法，以适应不同学生的需求。同时，通过定期的教学评估，教师可以了解个性化教学的实际效果，并根据评估结果进一步优化教学方案。评估可以包括学生的学习成绩提升情况、学习满意度调查、学生反馈意见收集等多个方面。

（二）大数据在思想政治教育评估中的应用

在思想政治教育领域，评估是不可或缺的一环，它有助于了解教育的实际效果，发现存在的问题，并指明改进的方向。然而，传统的评估方法往往受限于数据收集的广度和深度，以及分析的主观性。大数据技术的崛起，为思想政治教育评估提供了新的视角和强大的工具。

1. 拓展评估的数据基础

大数据技术的首要优势在于能够处理海量、多样化的数据。在思想政治教育评估中，这意味着我们可以收集到更广泛、更细致的信息。例如，通过分析学生的在线学习行为、社交媒体互动、论坛讨论等内容，我们可以获得关于学生学习态度、思想动态、价值观念等方面的丰富数据。这些数据不仅数量庞大，而且更加真实、自然，能够反映学生在日常学习和生活中的真实状态。

2. 实现评估的精准化和个性化

大数据技术允许我们对每个学生进行精细化的分析。通过挖掘和分析学生的个人数据，我们可以构建出精准的学生画像，深入了解每个学生的特点、需求和问题。这使得评估不再局限于群体层面，而是可以深入到个体层面，为每个学生提供定制化的教育方案和改进建议。这种精准化和个性化的评估方式，有助于提高思想政治教育的针对性和实效性。

3. 引入数据驱动的决策机制

在传统的思想政治教育评估中，决策往往依赖于经验判断和主观分析，而大数据技术则提供了一种数据驱动的决策机制。通过对数据进行深入挖掘和分析，我们可以发现数据背后的规律和趋势，为决策提供科学、客观的依据。这种数据驱动的决策方式，有助于减少主观因素的干扰，提高决策的准确性和有效性。

4. 构建动态反馈和持续改进的评估体系

大数据技术还使得我们能够实时监测和追踪思想政治教育的效果。通过定期收集和分析数据，我们可以及时了解教育的最新动态和问题，为教育者提供及时的反馈和建议。同时，这种动态的评估体系也支持持续改进的教育理念，帮助教育者不断调整和优化教育方法，以适应学生需求和社会环境的变化。

（三）大数据与思想政治教育内容创新

在数字化、信息化的时代背景下，大数据技术正以其独特的优势，为思想政治教育领域带来前所未有的变革机遇。大数据技术不仅能够帮助教育者更深入地了解学生，提供个性化的教育方案，还能够汇聚丰富的教育资源，创新多样化的教学手段，从而推动思想政治教育内容的全面创新。

1. 深入了解学生，实现个性化教育

大数据技术通过收集和分析学生的学习行为、社交活动、兴趣爱好等多维度数据，为教育者构建了一个全面、立体的学生画像。这使得教育者能够更准确地把握每位学生的特点、需求和潜力，从而制定出更具针对性的思想政治教育方案。例如，对于性格内向、社交活动较少的学生，教育者可以利用大数据技术发现其潜在的心理需求和问题，并通过个性化的心理辅导和社交活动推荐，帮助其更好地融入集体，提升自信心和团队协作能力。

2.汇聚丰富资源，拓展教育内容

大数据技术能够实时抓取和整合互联网上的海量信息，为思想政治教育提供丰富、鲜活的教学资源。这些资源涵盖了政治、经济、文化、社会等多个领域，既有国内外的时事热点，也有历史文化的深度解读，能够有效拓展思想政治教育的广度和深度。例如，教育者可以利用大数据技术，将最新的政治事件、社会现象引入课堂，引导学生进行深入的思考和讨论，从而增强其政治敏锐性和社会责任感。

3.创新教学手段，提升教育效果

大数据技术还能够推动思想政治教育手段的创新。通过结合多媒体、虚拟现实（VR）、增强现实（AR）等先进技术，教育者可以为学生打造沉浸式、交互式的学习环境，让思想政治教育变得更加生动、有趣。例如，利用VR技术，学生可以"身临其境"地体验红军长征的艰辛历程，从而更深刻地理解革命精神和爱国主义情怀。此外，大数据技术还可以支持在线教育平台的构建，实现思想政治教育资源的共享和优化配置，让更多学生享受到高质量的教育资源。

参 考 文 献

著作

[1] 陈秉公. 思想政治教育学 [M]. 长春：吉林大学出版社，1992.

[2] 陈向明. 质的研究方法与社会科学研究 [M]. 北京：教育科学出版社，2000.

[3] 张耀灿，陈万柏. 思想政治教育原理 [M]. 北京：高等教育出版社，2001.

[4] 顾海良. 高校思想政治教育工作导论 [M]. 武汉：武汉大学出版社，2006.

[5] 徐颂陶. 马克思主义人才思想史 [M]. 北京：中国人事出版社，2006.

[6] 陈万柏，张耀灿. 思想政治教育学原理 [M]. 北京：高等教育出版社，2007.

[7] 徐延浪. 当代大学生创造与创业 [M]. 西安：西北工业大学出版社，2009.

[8] 骆郁廷. 当代大学生思想政治教育 [M]. 北京：中国人民大学出版社，2010.

[9] 杨晓慧. 当代大学生成长规律研究 [M]. 北京：人民出版社，2010.

[10] 马克思恩格斯选集（1—4 卷）[M]. 北京：人民出版社，2012.

[11] 卢黎歌. 当代大学生思想特点、成长规律与马克思主义大众化研究

[M].西安：西安交通大学出版社，2012.

[12] 吴潜涛，徐艳国.建党 90 年来高校德育发展的历史轨迹 [M].北京：高等教育出版社，2012.

[13] 冯刚，沈壮海.中国大学生思想政治教育发展报告 [M].北京：北京师范大学出版社，2013.

[14] 马振清.思想政治教育前沿问题研究 [M].北京：国家行政学院出版社，2013.

[15] 杨晓慧.大学生就业创业教育研究 [M].北京：经济科学出版社，2015.

[16] 田海舰.培育和践行社会主义核心价值观多维研究 [M].北京：人民出版社，2015.

[17] 沈壮海.思想政治教育有效性研究 [M].3 版.武汉：武汉大学出版社，2016.

[18] 孙熙国.传统文化与文化软实力：以中国传统价值观中的新"六德"为例 [M].长沙：湖南大学出版社，2016.

[19] 习近平.习近平谈治国理政（第二卷）[M].北京：外文出版社，2017.

[20] 刘同舫.马克思的哲学立场 [M].北京：人民出版社，2017.

[21] 风笑天.社会研究方法 [M].5 版.北京：中国人民大学出版社，2018.

[22] 吴潜涛.思想政治教育教学与研究 [M].北京：中国人民大学出版社，2018.

[23] 骆郁廷.思想政治教育原理与方法 [M].北京：北京师范大学出版社，2019.

[24] 艾四林.新时代如何办好思想政治理论课 [M].北京：人民出版社，2019.

[25] 王炳林，张泰城.高校红色文化资源育人发展报告 [M].北京：人民出版社，2020.

[26] 习近平.高举中国特色社会主义伟大旗帜　为全面建设社会主义现代

化国家而团结奋斗：在中国共产党第二十次全国代表大会上的报告 [M]. 北京：人民出版社，2022.

[27] 习近平 . 论党的青年工作 [M]. 北京：中央文献出版社，2022.

期刊

[1] 孔铮 . 教育对人力资本积累及就业的影响 [J]. 教育与经济，2008（1）：12-16.

[2] 王璐 . 改革开放三十年思想政治教育工作考评论 [J]. 思想政治教育研究，2009（5）：96-99，103.

[3] 王璐 . 大学生思想政治教育理论的基本内容和坚持的原则 [J]. 山西财经大学学报，2010，32（S2）：282，286.

[4] 王璐 . 网络民粹主义的潜流：2000 ～ 2010 年中国网民行为意识的个案分析 [J]. 内蒙古社会科学，2011（1）：114-119.

[5] 刘平，廖康礼 . 创业禀赋视角下的地方高校就业创业教育问题研究 [J]. 教育与职业，2012（15）：81-82.

[6] 王璐 . 大学生思想政治素质现状及教育路径研究 [J]. 教育与职业，2012（26）：54-55.

[7] 刘和忠 . 当前大学生就业价值观教育问题及对策 [J]. 思想政治教育，2012（1）：44-47.

[8] 潘屹 . 学用结合的困境：社会工作教育与就业问题 [J]. 社会工作，2013（7）：2-6.

[9] 张静 . 构建大学生就业、创业教育一体化理论 [J]. 南开学报（哲学社会科学版），2013（3）：139-144.

[10] 闫广芬 . 大学生就业、创业教育研究的逻辑起点 [J]. 南开学报（哲学社会科学版），2013（3）：145-151.

[11] 唐小凌 . 高职院校共青团组织促　进大学生就业创业路径研究：基于

实践育人平台建设的视角 [J]. 无锡商业职业技术学院学报，2014，14（6）：44-46.

[12] 郑永廷. 论思想政治教育的内涵、外延与规范 [J]. 教学与研究，2014（11）：53-59.

[13] 韩卓丽，张辰琛. 学科交叉背景下高校思想政治教育问题的研究 [J]. 教育与职业，2014（8）：48-49.

[14] 曹扬，邹云龙. 创业教育与就业教育、创新教育的关系辨析 [J]. 东北师大学报（哲学社会科学版），2014（2）：199-202.

[15] 王璐. 浅析马克思主义行政思想与舆论监督 [J]. 新闻战线，2014（11）：145-146.

[16] 李凤春，杨波，张琳. 大数据环境下信息网络在毕业生就业创业指导工作中的应用研究 [J]. 情报科学，2015，33（12）：111-115，128.

[17] 倪春虎. "互联网＋"在大学生创业就业教育中的功能定位及实践 [J]. 继续教育研究，2015（10）：20-22.

[18] 兰英，彭林权. 试论大学生志愿服务的育人功能 [J]. 学校党建与思想教育，2015（2）：40-42.

[19] 温雅. 我国高校创业教育的现状、问题及完善：基于25所高校《2014年毕业生就业质量报告》的分析 [J]. 江西社会科学，2015，35（3）：251-255.

[20] 孔洁珺，王颖. 中国高校就业创业教育溯源与释义 [J]. 思想教育研究，2015（3）：76-80.

[21] 臧其林. 大数据时代毕业生就业跟踪反馈机制构建 [J]. 教育与职业，2015，（24）：36-38.

[22] 邵华. 基于协同理论视角下的大学生就业工作创新研究 [J]. 湖南社会科学，2015（5）：209-212.

[23] 杨鑫悦. 探析中国考试文化 [J]. 管理观察，2015（20）：137-138.

[24] 杨鑫悦，杨崇泽，贾楠. 基于考试文化视野的大学生诚信教育研究 [J].

管理观察，2015（34）：94-95.

[25] 温雷雷 . 大数据视角下的高职院校就业工作创新研究 [J]. 黑龙江高教研究，2016（2）：72-74.

[26] 王璐 . 高职院校青年教师师德建设的路径研究 [J]. 山西财经大学学报，2016，38（52）：122-123.

[27] 吴怍，顾小清 . 教育大数据的深度认知、实践案例与趋势展望：2017年"教育大数据应用技术"国际学术研讨会评述 [J]. 现代远程教育研究，2017（3）：11-17.

[28] 杨崇泽，付晓娜，杨鑫悦 ."互联网＋"时代大学生思想政治教育的路径探索 [J]. 教育现代化，2017，4（27）：175-176.

[29] 毛丹鹃 . 大数据背景下大学生就业指导工作创新研究 [J]. 价值工程，2018（30）：292-293.

[30] 曹建平 . 高职学校思想政治教育与就业创业教育融合性研究 [J]. 佳木斯职业学院学报，2018（3）：144-145.

[31] 杨政，李岚 . 高校创新教育与大学生思想政治教育的融合机制研究 [J]. 教育现代化，2018，5（8）：238-240.

[32] 李振，周东岱，刘娜，等 . 教育大数据的平台构建与关键实现技术 [J]. 现代教育技术，2018，28（1）：100-106.

[33] 杨鑫悦 . 应用型本科院校创新创业教育课程体系构建研究 [J]. 现代职业教育，2018（4）：68-69.

[34] 杨鑫悦 . 高考改革对高水平大学招生的影响 [J]. 管理观察，2018（6）：138-139.

[35] 吴松，张浩 ."互联网＋"时代大学生就业创业指导工作创新路径探析 [J]. 创新创业理论研究与实践，2019，2（11）：159-160.

[36] 潘振，方长春 . 面向大学生就业的高校信息资源服务创新模式研究 [J]. 情报科学，2019，37（9）：109-112.

[37] 崔伟 . 协同视域下大学生就业教育的有效途径 [J]. 教育与职业，2019

（5）：65-69.

[38] 张春秀.实践思维方式下思想政治教育评价标准特质及构建原则 [J].
湖北社会科学，2019（2）：179-183.

[39] 姜蒙.高校思想政治教育现代化的分析 [J]. 教育现代化，2019，6（1）：
233-234.

[40] 现民，郭利明，晋欣泉，等.大数据助力新高考改革：框架设计与实
施路径 [J]. 电化教育研究，2019，40（2）：30-37.

[41] 乌尔里希·泰西勒.高等教育和毕业生就业：变化的条件与挑战 [J].
北京大学教育评论，2019，17（3）：13-44，187-188.

[42] 庞娜，钱力，段美珍.大数据环境下科技信息精准搜索服务探析 [J].
情报科学，2020，38（7）：69-76.

[43] 刘洪超，滕鑫鑫，白浩.基于大数据的高校智能就业平台建设与应用
[J]. 现代教育技术，2020，30（2）：111-117.

[44] 顾东虎."互联网＋大数据"背景下大学生就业创业能力培养策略及
应用系统平台的建设 [J]. 信息记录材料，2020，21（4）：133-134.

[45] 于文华.基于大数据的大学生就业创业指导系统 [J]. 微型电脑应用，
2021（9）：37-39，43.

[46] 罗博炜.基于数据挖掘与分析的大学生就业指导 [J]. 微型电脑应用，
2021（8）：59-62.

[47] 杨婷，刘贝贝，梁春迪."互联网＋"视域下大学生就业指导工作创
新研究 [J]. 投资与创业，2021，32（5）：151-153.

[48] 于宁，杜智.大数据时代大学生就业创业新前景研究 [J]. 新丝路，
2021（7）：127.

[49] 夏雪花.新时代高校创新创业教育与思想政治教育融合的途径探析 [J].
思想理论教育导刊，2021（8）：136-140.

[50] 尹楠，徐志远.新时代高校思想政治教育内容的创新发展理路：从
"有意义"到"有意思" [J]. 学术探索，2021（1）：122-128.

[51] 王尚磊 . 大学生思想政治教育融入就业创业工作的研究 [J]. 创新创业理论研究与实践，2021，4（11）：68-70.

[52] 陈妍 . 对新时代高校思想政治教育整合的思考 [J]. 学校党建与思想教育，2021（23）：88-90.

[53] 毛海英 . 构建"互联网＋"时代高校就业创业服务的生态体系 [J]. 产业创新研究，2022（22）：175-177.

[54] 金春媛，高地 . 中国高校思想政治教育创新研究的内容、问题与展望 [J]. 社会科学战线，2022（6）：274-280.

[55] 冯广辉 ."三全育人"视域下民族地区高校思想政治教育提升路径 [J]. 学校党建与思想教育，2022（15）：83-85.

[56] 植林，王亚煦 . 新工科视域下高校思想政治教育的创新与实现路径 [J]. 学校党建与思想教育，2022（15）：80-82.

[57] 谢耿，王燕娜 . 高校思想政治教育对大学生就业创业的引导作用 [J]. 山西财经大学学报，2022，44（S1）：93-95.

报纸

[1] 习近平 . 在哲学社会科学工作座谈会上的讲话 [N]. 人民日报，2016-05-19（2）.

[2] 习近平 . 在知识分子、劳动模范、青年代表座谈会上的讲话 [N]. 人民日报，2016-04-30（2）.

[3] 习近平 . 坚持中国特色社会主义教育发展道路　培养德智体美劳全面发展的社会主义建设者和接班人 [N]. 人民日报，2018-09-11（1）.

[4] 习近平 . 在中国科学院第十九次院士大会、中国工程院第十四次院士大会上的讲话 [N]. 人民日报，2018-05-29（1）.

[5] 习近平 . 在北京大学师生座谈会上的讲话 [N]. 人民日报，2018-05-03（2）.

[6] 习近平 . 在纪念五四运动 100 周年大会上的讲话 [N]. 人民日报，2019-

05-12（1）.

[7] 习近平.把个人的理想追求融入党和国家事业之中为党为祖国为人民多作贡献 [N]. 人民日报，2020- 07-09（1）.

[8] 习近平.在全国劳动模范和先进工作者表彰大会上的讲话 [N]. 人民日报，2020-11-24（2）.

[9] 习近平.在第十三届全国人民代表大会第一次会议上的讲话 [N]. 人民日报，2020-05-16（1）.